NOUVEAU GUIDE PRATIQUE

DU

PHOTOGRAPHE AMATEUR.

IMPRIMERIE GAUTHIER-VILLARS ET FILS,
14637   55, quai des Grands-Augustins, Paris.

BIBLIOTHÈQUE PHOTOGRAPHIQUE.

NOUVEAU GUIDE PRATIQUE

DU

PHOTOGRAPHE AMATEUR

PAR

G. VIEUILLE,

Membre de la Société française de Photographie.

DEUXIÈME ÉDITION,
entièrement refondue.

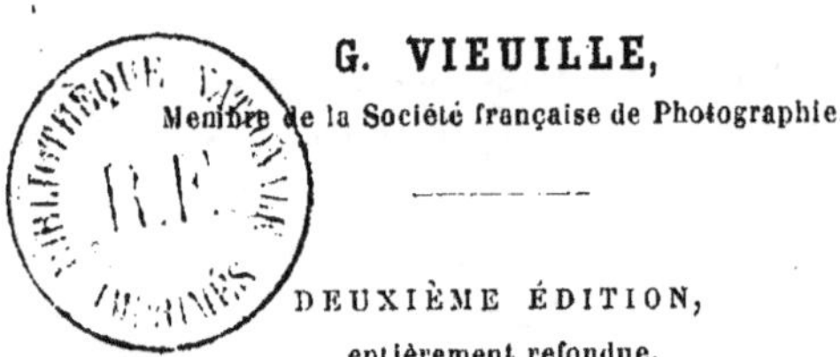

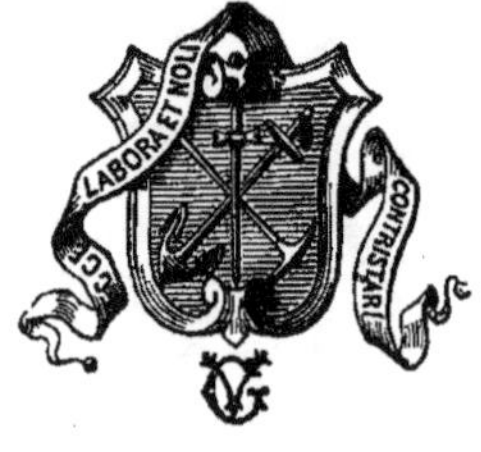

PARIS,

GAUTHIER-VILLARS ET FILS, IMPRIMEURS-LIBRAIRES,
ÉDITEURS DE LA BIBLIOTHÈQUE PHOTOGRAPHIQUE,
55, Quai des Grands-Augustins.

—

1889

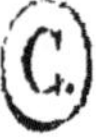

AVERTISSEMENT.

Le succès obtenu par la première édition de ce petit Manuel et l'accueil favorable qu'il a trouvé parmi les amateurs de Photographie en ont prouvé l'utilité. On a cependant fait quelques critiques : les uns ont trouvé, notamment, que certains chapitres auraient pu avoir plus de développement; d'autres, en grand nombre, qui n'habitent pas la campagne, se sont plaints de ne pas trouver d'indications suffisantes pour utiliser un local restreint. Les fanatiques du portrait auraient voulu plus de détails sur l'installation qu'il comporte. On a également reproché à l'auteur de négliger trop les appareils de petit et de moyen format et, par conséquent, de décourager un peu certains débutants. La présente édition a pour but de combler ces lacunes et de rendre ainsi le NOUVEAU GUIDE réellement pratique, sans cependant trop élargir le cadre primitif de l'Ouvrage. Mais l'Appendice qui traitait du collodion humide, aujourd'hui presque complètement abandonné, surtout par les amateurs, a été supprimé, de manière à laisser une plus grande place aux formules nouvelles. On trouvera donc dans les pages qui suivent, outre les inventions et les procédés les plus récents, des renseignements très complets sur tout ce qui a paru pouvoir intéresser les amateurs.

Afin d'éviter toute confusion pouvant résulter de la similitude du titre avec des ouvrages parus depuis la première édition de celui-ci, les éditeurs ont cru devoir en modifier légèrement le titre primitif.

AVANT-PROPOS

DE LA PREMIÈRE ÉDITION.

L'idée de publier un nouveau Manuel de Photographie, alors qu'il en existe déjà un si grand nombre, peut paraître présomptueuse. Loin de moi, cependant, la pensée de croire mieux faire que mes devanciers ; j'ai voulu seulement me placer à un point de vue particulier et présenter ici un guide succinct, dégagé de toute prétention littéraire, spécialement destiné aux amateurs.

Depuis les récentes découvertes et les perfectionnements apportés dans l'art photographique, nombre de personnes, tentées par la simplicité apparente et la rapidité des procédés, consacrent leurs loisirs à cet agréable passe-temps. Malheureusement, l'amateur, au début, s'égare dans les nombreuses formules qu'on lui propose, ou bien il dépasse le but qu'il poursuit en s'encombrant d'appareils coûteux ou inutiles. La Photographie peut être une distraction économique ; elle le sera surtout si l'opérateur est doublé d'un homme de goût, actif, industrieux et capable de fabriquer par lui-même bien des petits accessoires. Il est donc naturel que, se plaçant à ce point de vue spécial, un amateur ait l'idée de réunir en une brochure les connaissances qu'il a pu acquérir par une longue pratique et les observations qu'il a puisées aux meilleures sources, de façon à offrir le moyen d'obtenir promptement et, pour ainsi dire, infailliblement, ces délicieuses images que nous admirons tous : sites parcourus, souvenirs fugitifs, visages amis.

Il est un préjugé trop répandu, qui veut que les épreuves obtenues par des amateurs soient inférieures à celles des photographes de profession. Sans doute, il arrivera qu'au début l'amateur, peu familiarisé avec les manipulations, produira des épreuves qui ne pourront guère rivaliser avec les œuvres des meilleurs praticiens. Pour le portrait surtout, il restera longtemps, malgré ses efforts, dans un réel état d'infériorité. Mais rien d'étonnant à cela. Le photographe de profession n'a-t-il pas sous la main toute une installation, souvent remarquable, toujours coûteuse, un matériel des plus complets, un personnel exercé ? Le travail, excessivement divisé, est réparti entre des spécialistes, et l'œil du maître n'a guère qu'à surveiller l'ensemble des opérations. Le photographe amateur, au contraire, ne dispose pas, en général, de pareils moyens : il doit faire tout par lui-même, depuis le cliché jusqu'au montage des épreuves; il a, en revanche, un mérite plus grand en raison des difficultés plus grandes. Mais, en dehors du portrait qui demande certains soins et une installation particulière, les épreuves de l'amateur devront être et seront toujours supérieures. Ici, le goût de l'opérateur, le choix du sujet, l'attention qu'il apportera aux manipulations imprimeront à son œuvre un caractère artistique et personnel que l'on cherche souvent en vain dans les épreuves du commerce. C'est donc à la classe des amateurs sérieux et désireux de bien faire que s'adressent mes conseils; je m'estimerai heureux si ces quelques notes peuvent guider, ou du moins encourager les personnes qui considèrent avec raison la Photographie comme une des distractions les plus agréables.

G. Vieuille.

CHAPITRE I.

NOTIONS GÉNÉRALES.

La propagation de la lumière en ligne droite donne naissance à un phénomène que l'on constate lorsque, au volet d'une chambre obscure, on perce une petite ouverture, et que, devant cette ouverture, on place un écran. On voit se peindre sur celui-ci l'image réduite et renversée des objets extérieurs avec tous leurs détails et leurs couleurs naturelles.

Si, à l'ouverture du volet, on adapte une lentille convergente, les images, tout à l'heure un peu vagues, deviennent nettes et brillantes, à la condition toutefois que la distance entre l'objet et la chambre obscure soit plus grande que le double de la distance focale principale.

On conçoit qu'un dessinateur habile pourrait, avec un crayon, suivre sur l'écran tous les détails de l'image qui s'y reproduit; mais, outre que ce travail long et méticuleux serait peu pratique et demanderait une grande habitude pour donner un croquis satisfaisant, il serait souvent impossible, par suite de la mobilité extrême des objets à reproduire. Il était réservé au génie de l'homme d'arriver à la solution d'une question qui se présentait naturellement à l'esprit, c'est-à-dire supprimer le dessinateur et le remplacer par la lumière fixant elle-même sur l'écran l'image fugitive des corps placés à l'extérieur de la chambre obscure. Ce problème a été résolu, et l'ensemble des procédés découverts par Nicéphore Niepce et Daguerre, pour obtenir cette image, constitue l'art de la Photographie ([1]).

La chambre obscure a été, en conséquence, modifiée; elle est devenue un petit meuble, plus ou moins portatif, appelé *chambre noire;* la lentille y est remplacée par l'*objectif,* c'est-à-dire par un système de lentilles disposées de façon telle que l'image produite soit nette, brillante et exempte de déformations; enfin l'écran destiné à recevoir l'image est constitué par une surface quelconque,

---

([1]) On trouvera sur l'historique de la Photographie des renseignements plus étendus dans le récent et remarquable ouvrage de M. Davanne, *La Photographie. Traité théorique et pratique.* Paris, Gauthier-Villars et Fils.

du verre en général, recouverte d'une substance sensible, iodure ou bromure d'argent, selon le procédé employé.

L'image étant formée directement par la lumière, il en résulte que ce seront précisément les parties lumineuses des objets, les blancs, les bleus, les violets, qui produiront sur la couche sensible une action plus ou moins énergique, tandis que les parties foncées de ces mêmes objets, les noirs, les rouges, les jaunes, les verts, auront peu ou point d'action. L'expression de parties *lumineuses* est peut-être impropre; chaque couleur, ou plutôt chaque rayon du prisme a en effet un pouvoir actinique différent qui n'est pas toujours en rapport avec son éclat. Néanmoins, l'effet produit n'est pas immédiatement visible : il faut qu'une opération particulière, appelée *développement*, et dont nous parlerons en temps utile, intervienne et fasse apparaître l'image latente. Cette image, vue par transparence, sera opaque dans les parties correspondant aux blancs du modèle, et plus ou moins transparente dans les noirs et les demi-teintes. Nous aurons alors un cliché, ou *négatif*. C'est ce cliché qui nous servira à obtenir les épreuves redressées et définitives, dites épreuves *positives*. Il est aisé de comprendre que, si nous plaçons sous le négatif une seconde surface sensible, cette fois en papier, nous obtiendrons, en exposant le tout à l'action directe de la lumière, une épreuve inverse de l'image primitive. En effet, la lumière, ne traversant que les parties transparentes du cliché, formera sur le papier des noirs plus ou moins intenses, tandis que des blancs correspondront aux parties opaques de ce même cliché. Ici, le chlorure d'argent remplace l'iodure ou le bromure d'argent employé pour le négatif, et l'action de la lumière est graduellement visible sans le secours d'un développement (¹).

En résumé, tout le mécanisme de la Photographie se réduit aux deux points suivants : 1° production du cliché; 2° production de l'épreuve positive. Il nous reste à voir quels sont les moyens pratiques d'obtenir l'un et l'autre. Nous examinerons donc successivement :

1° Les appareils, leur fonctionnement, leurs qualités, leur prix, etc.;

2° L'installation nécessaire, c'est-à-dire le laboratoire, les produits chimiques, et accessoirement l'organisation pour le portrait en plein air et dans l'atelier vitré;

3° La production des clichés dans les différents genres : portraits, paysages, monuments, reproductions, etc.;

(¹) Il faut cependant faire une exception pour certaines épreuves positives, notamment celles au charbon ou celles sur papier au gélatinobromure, où l'apparition de l'image est subordonnée, comme pour les clichés, à l'opération du développement.

4° Enfin la manière d'obtenir les épreuves positives, comprenant les procédés les plus pratiques actuellement en usage.

Le cadre restreint de cette brochure ne permettant pas d'entrer dans les détails approfondis de chacune des parties qu'elle embrasse, détails qui ne font d'ailleurs qu'embarrasser le débutant, j'ai cru rendre service au lecteur en lui indiquant, au fur et à mesure que le sujet m'y amènera, les différents ouvrages spéciaux où il pourra puiser de nouvelles notions, lorsque, familiarisé avec les manipulations, il voudra soit étudier un cas déterminé, soit se placer à un point de vue exclusivement scientifique.

— ◦◦◦ —

CHAPITRE II.

APPAREILS ET INSTALLATION.

Appareils.

Format. — La première question qui se présente, avant de faire l'acquisition des différents appareils dont j'indique plus loin la nomenclature, est celle du format des épreuves à obtenir. Il faudra, en effet, que tout soit calculé en vue de ce format, et le moindre inconvénient serait un double emploi et un surcroît de dépenses si l'on voulait un jour modifier son outillage. Il vaudra donc mieux choisir tout de suite le format le plus convenable, de façon à n'avoir pas de regrets plus tard, et, si la dépense est tout d'abord un peu plus forte, on sera amplement dédommagé par la suite.

Les dimensions photographiques comprennent les formats suivants :

Le $\frac{1}{4}$ de plaque, c'est-à-dire $0,09 \times 0,12$.
La $\frac{1}{2}$ plaque, » $0,13 \times 0,18$.
La plaque normale, » $0,18 \times 0,24$.

L'extra-plaque, c'est-à-dire $0,21 \times 0,27$.
La feuille de papier photogr. a $0,44 \times 0,56$.
Le papier au platine mesure $0,51 \times 0,66$.

Il est inutile de pousser plus loin cette nomenclature.

Le format le plus généralement adopté par les débutants est la demi-plaque; mais mon opinion, partagée du reste par beaucoup d'amateurs qui ont renoncé à ce format, est que la dimension la plus convenable est celle de $0^m,21 \times 0^m,27$. En effet, les épreuves sont d'une grandeur suffisante pour permettre de bien donner l'idée, soit d'un objet, soit surtout d'un paysage, tandis que la demi-plaque présente une vue tellement réduite qu'on en peut considérer le résultat tout au plus comme un croquis, une simple note des endroits parcourus. J'excepterai, à la rigueur, les épreuves stéréoscopiques, qui donnent, une fois amplifiées, la véritable impression du sujet avec ses reliefs et sa perspective; mais ce genre de photographie est aujourd'hui, bien à tort il est vrai, presque abandonné et, du reste, il faut, pour le bien faire, un appareil spécial et deux objectifs.

La plaque 21×27 a, de plus, l'avantage de correspondre au quart de la feuille de papier, ce qui permet de tirer des épreuves sans perte; enfin, grâce à une disposition particulière des châssis, il est possible, cela va sans dire, d'opérer sur les dimensions inférieures, par lesquelles on fera bien de commencer.

Qu'on n'objecte pas le poids et l'encombrement de l'appareil; aujourd'hui, les chambres noires rivalisent de légèreté, et la différence entre une demi-plaque et une plaque 21×27 n'est pas tellement grande qu'elle puisse être une raison déterminante de préférer la première. Si l'amateur ne se sent pas assez de courage pour risquer quelque fatigue, il en aura, j'imagine, moins encore pour se livrer à certaines manipulations fastidieuses, mais nécessaires.

La Photographie n'est pas une science qui s'improvise; malgré la simplicité des procédés, malgré la facilité pour l'amateur de se procurer les produits tout préparés et les appareils les plus commodes, il faut, quoi qu'on en dise, une longue pratique pour arriver à d'excellents résultats; il faut surtout faire par soi-même, de manière à ne laisser aucune place à l'imprévu. La grande quantité d'amateurs qui ont, au bout de quelques essais infructueux, abandonné la partie prouve la vérité de ce que j'avance; ceux, au contraire, qui ont su triompher des quelques déboires inséparables d'un début ont vite apprécié les ressources de la Photographie, et je pourrais citer les noms d'amateurs dont les épreuves ont mérité de justes récompenses dans les expositions spéciales. Je comprendrais plutôt que la question de prix fût un motif de ne pas choisir de prime abord un appareil 21 × 27. Enfin, j'excuserai également le débutant qui, n'étant pas sûr de ses goûts et de ses aptitudes, hésite à acquérir immédiatement un matériel un peu compliqué; c'est pourquoi j'ai compris la demi-plaque dans les devis d'appareils qui suivent.

Appareils à main. — Évidemment, pour le voyage proprement dit, et surtout pour les excursions lointaines, où la question du bagage est de la

Fig. 1.

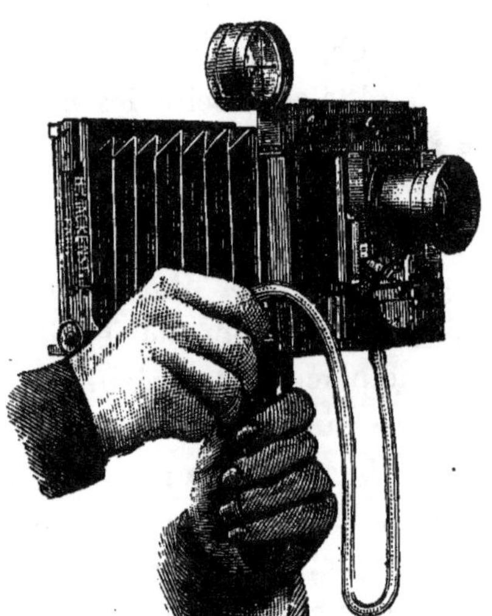

plus haute importance, il ne serait guère pratique d'emporter un appareil de dimensions un peu grandes, la demi-plaque serait déjà un embarras;

dans ce cas, le mieux serait d'avoir une petite chambre à main 9×12 (*fig.* 1) (¹).

C'est même le complément indispensable d'une installation sérieuse. Ces petits instruments, très en vogue aujourd'hui, permettent de prendre des vues posées ou instantanées, au choix de l'opérateur, qui peut saisir pour ainsi dire au vol tout ce qui l'intéresse et rapporter des documents précieux. Les clichés obtenus seront agrandis comme nous le verrons à la fin de ce volume, ou bien on en tirera soit des épreuves sur papier ordinaire, soit des épreuves positives sur verre qu'on utilisera au moyen de la lanterne à projections.

En dehors de ces conditions, nous nous arrêterons à la grandeur 21×27, et nous choisirons un appareil pouvant servir aux différents genres que j'indiquerai tout à l'heure, c'est-à-dire pouvant fonctionner aussi bien au dehors qu'à la maison, car il faudra éviter, surtout en commençant, de s'encombrer d'instruments inutiles.

Nous avons vu plus haut que les appareils les plus indispensables étaient la chambre noire et l'objectif. Les images que nous obtiendrons avec eux seront d'autant plus belles, plus fines, plus brillantes, que nous nous servirons d'instruments plus parfaits.

(¹) Cette figure représente un appareil de ce genre, celui de M. Mackenstein, muni d'un viseur et de l'obturateur Londe et Dessoudeix.

Mais à quel fabricant faudra-t-il s'adresser? Cette question est trop délicate pour être traitée ici, et les bonnes maisons sont trop connues par elles-mêmes pour qu'il soit besoin d'en faire l'éloge. Je me bornerai à citer, entre autres, les noms de Derogy, Français, Hermagis, Prazmowski, pour l'optique; Gilles, Jonte, Mackenstein, Martin, Ruckert, pour l'ébénisterie; Poulenc frères, pour les produits chimiques; Nacivet, pour les cartons; Hutinet, pour les fournitures générales, etc. Quant aux ustensiles divers, glaces et accessoires de moindre importance dont nous parlerons plus loin, on les trouvera dans la plupart des maisons ci-dessus. Je recommanderai surtout de ne pas chercher à faire d'économie mal comprise; d'éviter autant que possible, sauf des cas tout spéciaux, l'acquisition d'appareils d'occasion, souvent défectueux ou détériorés, enfin de s'adresser de préférence directement au producteur, en particulier pour l'ébénisterie et l'optique. Les conseils d'un ami s'occupant de notre art, ou ceux d'un praticien, ne seront pas à dédaigner pour le choix du matériel photographique; ils épargneront plus d'un mécompte au débutant. Passons maintenant en revue les différents ustensiles à se procurer.

Chambre noire. — La chambre noire se compose d'une boîte rectangulaire dont les parois sont généralement constituées par une sorte de soufflet en toile ou en peau : l'un et l'autre sont également bons. La partie antérieure de cette boîte est en bois et percée d'un trou destiné à recevoir l'objectif. L'extrémité opposée est un cadre supportant une glace dépolie. Ce cadre, qui repose sur la base ou *chariot* de la chambre, peut, grâce au soufflet, s'éloigner ou se rapprocher plus ou moins de la partie antérieure ; un engrenage ou crémaillère facilite cette opération. La distance entre l'objectif et le verre dépoli doit, en effet, varier selon l'éloignement de l'objet à reproduire.

On construit des chambres noires de bien des modèles, mais qui ne diffèrent pas sensiblement les uns des autres ; ce qu'il faut surtout et avant tout rechercher, c'est, outre la bonne fabrication, la légèreté de l'instrument, le travail au dehors n'étant possible qu'avec des appareils faciles à transporter. Mais cette légèreté ne doit pas être exagérée, car c'est toujours au détriment de la solidité. C'est également pour réduire la chambre noire à son plus petit volume qu'on a imaginé de faire pivoter sur lui-même le cadre qui supporte la glace dépolie, de manière à opérer en hauteur ou en largeur ; ce genre de chambre est ce qu'on appelle *à soufflet tournant*. Pour l'atelier, au contraire, l'instrument est de forme carrée. Les bois généralement employés sont l'acajou et le noyer ; ce dernier, étant un peu moins coûteux et plus léger, est préférable et sera parfaitement résistant, s'il est bien verni ou tout au moins fortement encaustiqué. On aura soin de vérifier surtout les assemblages qui, outre les *queues d'aronde*, seront consolidés par des vis en cuivre. La planchette supportant l'objectif devra pouvoir s'élever ou s'abaisser à volonté; toutes les parties devront fonctionner sans raideur; de plus, la plaque qui, dans les opérations, remplace la glace dépolie, devra se trouver rigoureusement à la même place qu'elle, ce qu'il est aisé de vérifier au moyen d'une règle que l'on passe par le trou destiné à l'objectif. Enfin le cadre qui supporte cette même glace dépolie devra pouvoir lui-même prendre diverses inclinaisons; ce mouvement de bascule est surtout utile si l'on a des monuments à photographier. Du reste, il sera bon de se bien faire expliquer par le fabricant le maniement de chaque pièce, et cette simple démonstration sera plus profitable que toutes les explications que je pourrais donner ici.

En résumé, le choix devra, selon moi, s'arrêter à une chambre dite *de touriste,* munie de ses châssis doubles. Ces châssis, dont les volets sont généralement en toile ou en bois mince, sont parfois défectueux, soit qu'ils laissent passer la lumière, soient qu'ils rayent la couche sensible; on ne saurait trop apporter d'attention de ce côté, aussi préférons-nous les châssis à rideaux qui, s'ils sont un peu plus coûteux et peut-être plus

encombrants, échappent du moins aux critiques
ci-dessus. L'un de ces châssis devra être garni
d'*intermédiaires,* sorte de petits cadres minces
qui permettront d'opérer sur des glaces 18 × 24 ou
sur la demi-plaque. Ce modèle se trouve d'ailleurs,
avec quelques variantes, dans toutes les bonnes
maisons de Photographie, où l'on trouve également le sac destiné à renfermer l'appareil pour le
voyage.

Objectifs. — L'objectif est la partie du matériel qu'il faut le moins négliger : de sa perfection
dépendent la rapidité d'impression et la netteté des
images. C'est, en quelque sorte, l'âme de la Photographie, et l'on devra s'adresser à un fabricant
consciencieux dont les produits soient déjà con-
nus. Sans nier les qualités de certains objectifs
étrangers, comme ceux de Dallmeyer, Ross, en
Angleterre ; Steinheil, en Allemagne, j'estime qu'on
trouve facilement en France d'excellents instruments, qui ont l'avantage d'être d'un prix plus
abordable tout en donnant souvent d'aussi bons
résultats.

Les objectifs peuvent se ramener à trois types
principaux : les objectifs simples, les objectifs
doubles et les objectifs symétriques ou aplanétiques. Les premiers sont excellents pour le paysage.
Les seconds conviennent pour le portrait et peuvent à la rigueur se transformer en objectifs à

paysages, au moyen d'une légère modification. Quant aux derniers, on les emploie aussi bien pour les paysages que pour les groupes en plein air et les reproductions, dont ils ne déforment pas les lignes. Il est donc facile de choisir, d'après le genre qu'on se propose, l'objectif le plus convenable ; le mieux serait assurément d'en posséder plusieurs, surtout si l'on tient à faire des portraits ; mais cela augmenterait bien vite la dépense d'installation, que je voudrais réduire au minimum. Disons qu'avec un bon objectif double demi-plaque muni de lentilles additionnelles, comme en fabrique notamment la maison Derogy, on pourra, à la rigueur, obtenir de bonnes épreuves de portraits et de paysages. Mais, si l'on se propose plus spécialement de faire des excursions et de prendre des vues, l'objectif aplanétique est préférable, parce qu'il donne plus de relief et plus de profondeur aux images, et qu'en outre il permet les reproductions et les groupes en plein air. Quant aux monuments, ils ne peuvent, dans certains cas, à cause du manque de recul, s'obtenir qu'au moyen d'instruments particuliers dits *grands angulaires,* sorte d'aplanétiques qui embrassent un angle beaucoup plus grand que l'aplanétique ordinaire, mais dont l'acquisition ne nous semble pas immédiatement indispensable.

Une excellente disposition, adoptée par la plupart des opticiens, consiste à réunir en une monture unique plusieurs combinaisons de lentilles de foyer différent, ce qui permet d'avoir des images de dimensions diverses sans changer la chambre noire de place. Ces trousses sont actuellement ce qu'il y a de mieux pour l'amateur; elles n'ont que l'inconvénient de coûter un peu cher.

De ce qui précède, il résulte que l'amateur aura le choix entre les divers objectifs plus haut décrits selon le but qu'il se propose d'atteindre; mais j'inclinerai pour l'objectif aplanétique ordinaire, ou, de préférence, avec série de lentilles, car je suppose toujours que le portrait sera l'exception dans le travail de l'amateur, et, du reste, avec l'aplanétique, on obtient des portraits qui ne sont pas sans mérite. Les *diaphragmes* qui accompagnent chaque instrument sont de petits disques de cuivre noirci percés d'une ouverture plus ou moins grande et qui, placés entre les deux lentilles, éliminent les rayons lumineux inutiles, de façon à rendre l'image plus nette sur les bords. Ces disques sont tantôt séparés de l'objectif, tantôt adhérents à sa monture, comme dans le grand angulaire; nous en verrons plus tard l'emploi.

Les qualités qu'un bon objectif doit réunir sont trop nombreuses pour qu'on puisse, à moins d'une certaine expérience, s'en rendre compte. Elles peuvent se résumer ainsi : finesse des images, profondeur du foyer, c'est-à-dire netteté sur des plans différents, enfin rapidité d'impression. Il est difficile

de trouver un objectif réunissant ces qualités ; c'est
surtout par des essais comparatifs qu'on appréciera
tel ou tel instrument. Répétons d'ailleurs qu'en
s'adressant à une bonne maison il sera rare de trouver de graves défauts ; du reste, il est d'usage de ne
livrer les objectifs qu'après essai, ce qui est encore
la meilleure garantie.

Obturateur. — L'obturateur est un petit appareil qui semble avoir particulièrement excité l'imagination des inventeurs, tant on en a créé de modèles différents. Il faudrait un volume pour les
décrire tous. En principe, il est destiné à masquer et
à démasquer l'objectif pour la *pose*. Cette opération se fait ordinairement en déplaçant avec la
main le petit couvercle garni de velours qui accom-
pagne chaque instrument. Mais, depuis l'apparition
des plaques au gélatinobromure, la durée de la
pose est tellement réduite que l'on a dû chercher
une combinaison mécanique permettant d'ouvrir
et de fermer l'objectif avec une rapidité pouvant
aller jusqu'à des fractions de seconde. Parmi les
appareils nombreux qui atteignent ce résultat, il
est difficile de faire un choix, car chaque instrument
a ses qualités et ses défauts ; peut-être l'idéal des
obturateurs, c'est-à-dire celui qui, sous un petit
volume, et joignant la légèreté à un prix modique,
donnerait des temps de pose excessivement réduits,
est-il encore à trouver. Pour les portraits, cepen-

dant, l'obturateur Guerry est très suffisant ; placé au besoin à l'intérieur de la chambre noire, il permet d'ouvrir et de fermer l'objectif sans que le modèle s'en aperçoive. Néanmoins, comme il n'est pas absolument indispensable au commençant, on pourra en différer l'achat, et nous le signalons surtout pour mémoire.

La chambre noire munie de son objectif constitue maintenant un tout, que nous appellerons désormais l'*appareil*.

Trépied. — Le trépied est destiné à supporter l'appareil pendant les opérations. Il faudra le prendre haut, léger et bien solide en même temps, de façon à éviter toute oscillation. Le meilleur système est celui dont chaque branche se replie en trois parties au moyen d'une articulation et d'une coulisse. Cette coulisse est indispensable ; elle permet de placer l'appareil de niveau sur le terrain le plus inégal, la chambre noire devant, dans tous les cas, rester parfaitement horizontale.

Boîtes à glaces et accessoires divers. — En dehors des instruments dont nous venons de parler, le matériel du photographe se complique d'une foule de petits ustensiles qui ne méritent pas une description détaillée et dont nous donnons ci-dessous la nomenclature dans une liste générale, sauf à y revenir lorsque nous parlerons de leur emploi ; tels sont : le pupitre à retoucher, les boîtes à glaces, les châssis-presses pour le tirage des épreuves sur papier, les cuvettes, les flacons, etc. Je dirai seulement, à propos des boîtes à glaces, que celles dont on fera usage pour le voyage devront être le moins volumineuses possible.

Quant au fonctionnement de l'appareil, nous aurons à le décrire lorsque nous étudierons les manipulations, et, comme l'amateur aura déjà pris une leçon du fabricant, il n'est guère utile de s'appesantir sur cette question pour le moment.

APPAREILS ET ACCESSOIRES POUR LA GRANDEUR 21 $\times$ 27.

1° Une chambre noire de touriste, modèle anglais, 21 $\times$ 27, en noyer verni, à soufflet tournant et mouvement de bascule, munie de trois châssis doubles, dont un garni d'intermédiaires, et le sac pour contenir le tout.

2° Un objectif aplanétique de 0^m,40 de foyer environ, lentilles de 0^m,061 de diamètre, selon le fabricant [1]. A la rigueur, la grandeur au-dessous pourrait suffire; mais nous préférons avoir une netteté parfaite, même dans les angles de la plaque, ce qu'on n'obtiendrait pas d'une manière aussi complète avec un instrument plus petit, d'autant plus qu'on est parfois obligé de lever ou de baisser la planchette qui le supporte; cela s'appelle *décentrer*.

3° Un obturateur pneumatique à double volet, système Guerry, ou autre système analogue.

4° Un trépied de campagne à coulisses et articulations.

---

[1] Cet objectif sera avantageusement remplacé par une trousse avec série de lentilles pouvant donner des foyers de 0^m,19 à 0^m,40.

5° Une petite loupe pour la mise au point.

6° Deux boîtes à glaces, fermeture hermétique, à douze rainures, pour conserver les plaques ; l'une 13 × 18, l'autre 21 × 27.

7° Deux cuvettes plates en porcelaine 13 × 18, et deux autres 21 × 27.

8° Trois cuvettes verre et bois 32 × 50 et une quatrième 24 × 30 en tôle émaillée.

9° Deux châssis-presses demi-plaque, avec glace forte.

10° Deux châssis-presses 24 × 30.

11° Un pupitre à retoucher, carré, 27 × 27.

12° Une petite balance Roberval et ses poids (500^{gr}).

13° Deux crochets en buffle.

14° Six entonnoirs en verre de 250 à 500^{gr}.

15° Trois calibres en glace de diverses grandeurs, pour couper les épreuves.

16° Un pèse-nitrate et une éprouvette à pied de 250^{gr}.

17° Deux agitateurs moyens en verre.

18° Un blaireau plat pour épousseter les glaces.

19° Un flacon de 500^{gr} bouché à l'émeri, destiné à la solution de sulfate de fer.

20° Un flacon de 1000^{gr} à large goulot et bouché à l'émeri, destiné au bain d'argent positif.

21° Une mesure graduée de 500^{gr} et une éprouvette graduée de 60^{gr}.

22° Deux verres à précipités, l'un de 500^{gr}, l'autre de 250^{gr}.

23° Un égouttoir pliant à vingt-quatre rainures.

24° Enfin, quelques mains de papier Joseph, cent filtres Laurent moyens et du papier albuminé ou sensibilisé.

Tel est le matériel indispensable à se procurer. Je n'y ai point compris la presse à satiner, ustensile coûteux et encombrant ; le plus souvent, surtout si l'on habite près d'un grand centre, on aura recours soit aux satineurs de profession, soit à des photographes, qui feront ce petit travail moyennant une légère rétribution. Quant au prix d'ensemble que représentent les instruments ci-dessus, en les supposant, bien entendu, de premier choix, je crois pouvoir avancer qu'il ne faut guère compter plus de 800^{fr}, y compris les produits chimiques dont suit le détail. Cette somme pourrait se réduire : 1° à 600^{fr}, si l'amateur voulait s'en tenir au 18 × 24 ; 2° à 400^{fr}, peut-être même un peu moins, s'il tenait à ne pas dépasser la grandeur de la demi-plaque. Dans ce dernier cas, il y aura lieu de modifier comme il suit la liste des appareils.

APPAREILS ET ACCESSOIRES POUR LA GRANDEUR 13 × 18.

1° Une chambre noire demi-plaque de touriste, avec trois châssis doubles à coulisses et dispositif pour le stéréoscope. Le sac pour la contenir.

2° Un objectif aplanétique, lentilles de 0^m,033 de diamètre, foyer de 0^m,19 environ.

3° Un trépied de campagne avec coulisses et articulations.

4° Une petite loupe pour la mise au point.

5° Deux boîtes à glaces, fermeture hermétique, 13 × 18 et 9 × 12.

6° Deux cuvettes en porcelaine 13 × 18.

7° Trois cuvettes en tôle émaillée 24 × 30.

8° Deux châssis-presses demi-plaque.

9° Une petite balance avec ses poids (500^{gr}).

10° Deux crochets en buffle.

11° Trois entonnoirs en verre de 250^{gr}.

12° Un calibre en glace pour couper les épreuves.

13° Un blaireau plat pour épousseter les glaces.

14° Une mesure graduée de 125^{gr}.

15° Deux verres à précipités de 250^{gr}.

16° Un égouttoir pliant à vingt-quatre rainures.

17° Cent filtres Laurent n° 3 ; papiers divers : Joseph, aiguille, rubis, sensibilisé, etc.

PRODUITS CHIMIQUES POUR UN APPAREIL 21 × 27 OU 18 × 24.

3 douzaines de glaces au gélatinobromure, de diverses grandeurs.

	gr
Sulfate de fer pur	500
Oxalate neutre de potasse	1200
Acide pyrogallique	50
Acide sulfurique pur	100
Acide tartrique	100
Acide citrique	100
Sulfite de soude	250
Carbonate de soude	250
Hydroquinone	20
Bichlorure de mercure	100
Alcool à 90°	250
Ammoniaque pure	250
Ferricyanure de potassium	25
Alun de chrome	125
Bromure d'ammonium	50
Vernis négatif à froid, ou autre	100
Vernis mat	100
Nitrate d'argent fondu blanc	200
Chlorure d'or pur	2
Acétotungstate de soude	100
Hyposulfite de soude	5000

Eau distillée.

PRODUITS CHIMIQUES POUR UN APPAREIL 13 × 18.

2 douzaines de glaces 13 × 18 au gélatinobromure.
1 douzaine de glaces 9 × 12.

	gr
Sulfate de fer pur	500
Oxalate neutre de potasse	600
Acide sulfurique pur	100
Acide tartrique	50
Alun de chrome	125
Bichlorure de mercure	50
Ammoniaque pure	100
Acide pyrogallique	10
Sulfite de soude	125
Carbonate de soude	125
Hydroquinone	10
Bromure d'ammonium	50
Vernis négatif	100
Chlorure d'or pur	1
Acétotungstate de soude	50
Hyposulfite de soude	2000

Eau distillée.

Cette nomenclature ne comprend que les appareils et produits spéciaux au gélatinobromure, qui est actuellement le seul procédé adopté par les amateurs, en raison de sa simplicité et de ses avantages.

Au lecteur qui voudrait étudier d'une façon plus complète les différents produits employés en Photographie, j'indiquerai la brochure de M. Spiller, qui, sans avoir l'importance des ouvrages de Chimie photographique de MM. Barreswill et Davanne, suffira cependant pour initier l'amateur aux connaissances élémentaires de chimie qui lui rendront plus d'un service (¹).

Laboratoire.

Éclairage. — Il résulte de ce que nous avons dit aux *Notions générales* que certaines opérations, celles notamment qui ont pour but de sensibiliser les plaques, de même que la manipulation des glaces sensibles, doivent avoir lieu dans l'obscurité. Il ne faut pas cependant prendre le mot *obscurité* à la lettre, mais bien comme signifiant une certaine lumière sans action sur les préparations employées. Nous savons en effet que les couleurs du prisme n'agissent pas toutes de la même façon sur les produits photographiques, et que les rayons jaunes et les rayons rouges sont à peu près sans effet sur eux. Ceci nous amène à conclure que, pendant toutes les manipulations des produits sensibles, la pièce ou le laboratoire où l'on opérera ne devra être éclairé que par des verres jaune orange ou rouge rubis, selon que l'on emploiera le procédé dit *au collodion* ou celui *au gélatino-bromure*, comme nous le verrons plus loin.

(¹) A. Spiller, *Douze leçons élémentaires de Chimie photographique.* Traduit de l'anglais par M. H. Colard. Grand in-8. Paris, Gauthier-Villars, 1883.

Bien entendu, en dehors de ces manipulations, la lumière blanche pourra, sans inconvénient, pénétrer dans l'atelier, et il est aisé d'imaginer un système de triple volet permettant d'avoir à volonté soit la lumière blanche seule, soit la lumière jaune, soit enfin la lumière rouge. On a récemment proposé, pour l'éclairage du laboratoire, l'emploi d'une feuille de verre vert recouverte d'un papier jaune. Cette lumière fatigue moins les yeux que le rouge ; pour cette même raison, il faudra éviter de se servir des lanternes, dont l'emploi sera réservé pour le voyage.

Situation. — Autant que possible, le laboratoire devra être situé au rez-de-chaussée, à cause de la grande quantité d'eau qu'exigent les opérations photographiques. Le mieux serait, à coup sûr, un petit local spécialement construit à cet effet, dans l'angle d'un jardin, par exemple. Un sous-sol conviendra très bien ; mais l'amateur n'a pas toujours le choix et il lui faut parfois se contenter d'une pièce quelconque, souvent mal située ou d'une exiguïté gênante. C'est alors que l'imagination et l'adresse se donnent carrière ; car, quelque défectueux que soit l'emplacement, il n'est pas impossible d'en tirer parti. Il suffit, en général, de recouvrir les carreaux de la fenêtre de papier *ad hoc* rouge et de bien calfeutrer toutes les issues contre la lumière blanche. On pourra aussi recourir à l'éclairage d'une lanterne spéciale à verres rouges. Une table servira pour les manipulations, et j'ai vu, de cette façon, utiliser une simple chambre d'hôtel, avec le balcon comme salle de pose. On peut également imaginer une sorte de boîte-laboratoire très légère et très portative. J'ai construit une boîte de ce genre, qui m'a servi longtemps pour mes excursions au collodion humide ; et, comme elle renferme l'appareil et tous ses accessoires, elle peut, à la rigueur, dans un voyage, tenir lieu de caisse d'emballage et de laboratoire. Néanmoins, toutes les fois que la chose sera possible, le laboratoire proprement dit sera préférable ; il faut, en effet, une certaine place pour le matériel et les manipulations, et si l'on ne dispose pas d'une pièce consacrée à cet usage, il est difficile de se livrer à un travail suivi et fructueux.

Organisation intérieure. — Dans le cas où l'on pourra disposer d'une pièce un peu vaste et dans les conditions les plus favorables, c'est-à-dire au rez-de-chaussée et exposée au nord autant que possible, on commencera, si ses dimensions le permettent, par la diviser en deux parties, l'une réservée aux opérations qui demandent la lumière rouge ou jaune : nous l'appellerons *cabinet noir* ; l'autre, plus vaste, où se feront toutes les autres manipulations. Dans tous les cas, il ne faut pas oublier que c'est moins la quantité que la qualité de la lumière rouge ou jaune qu'il faut rechercher pour éclairer le cabinet noir; il faut surtout voir ce que l'on fait, et la fenêtre, notamment si l'exposition est au nord ou si elle est bien abritée du soleil, pourra avoir une certaine grandeur, par exemple $0^m,5o$ de côté. On garnira donc cette fenêtre de verre dépoli qui, diffusant la lumière, permettra de mieux juger de la valeur des clichés; par-dessus on disposera, soit à charnières, soit à coulisses, les volets mobiles à verres jaunes ou rouges, selon la nature des opérations. Il sera bon de fixer des bandes de velours noir sur le pourtour de ces volets, afin de bien intercepter toute lumière blanche. Immédiatement au-dessous de la fenêtre se place la cuve à lavages ou évier. On peut le prendre en fonte émaillée ou en grès vernissé; dans tous les cas, nous l'installerons de préférence assez bas pour que l'on puisse s'asseoir pendant le travail, qui dure souvent assez longtemps. Un excellent moyen de construire un évier à peu de frais consiste à prendre une simple caisse en bois d'environ $0^m,5o$ de côté, munie de rebords hauts de $0^m,10$. On goudronne fortement l'intérieur avec du brai sec additionné d'un peu de goudron liquide (¹) et de suif, de façon que l'enduit soit sec, mais non cassant. On fait fondre le tout

---

(¹) C'est le brai gras employé par les calfats pour recouvrir les jointures des bordages des navires.

dans une vieille marmite, et il est bon d'opérer en plein air, en évitant que le liquide, qui a une tendance à monter comme le lait, ne vienne à déborder et à s'enflammer en tombant sur le réchaud. Une cuve ainsi badigeonnée peut durer fort longtemps, et du reste les réparations ne sont pas difficiles. On pourra faire de la même façon des cuvettes pour laver les épreuves sur papier.

Enfin un tuyau de caoutchouc ou de plomb entraînera l'eau des lavages, soit dans un puisard, soit dans un récipient quelconque, si l'on voulait utiliser les résidus.

Si l'on ne peut pas amener au-dessus de l'évier une conduite d'eau spéciale, une simple fontaine suffira très bien, pourvu qu'elle soit munie d'un tube de caoutchouc terminé par une petite pomme d'arrosoir : ce qui constituera un excellent mode de lavage, le jet étant très divisé. Cette fontaine, ou mieux un petit réservoir, sera même préférable, si l'on ne dispose pas d'une eau toujours limpide, inconvénient assez fréquent avec l'eau des villes pendant les mois d'hiver; on aura soin alors de laisser reposer l'eau avant de s'en servir. Lorsqu'il y aura nécessité absolue de filtrer l'eau à employer, et notamment l'eau de pluie qu'on récoltera quand les toits seront bien lavés, on emploiera avec succès un filtre en charbon à tube de caoutchouc (¹).

(¹) Buhring et Cᵒ, 19, rue des Pyramides.

Quant aux tablettes destinées à supporter les flacons, les cuvettes, etc., il n'y a pas, pensons-nous, de règles à donner à cet égard ; le goût et l'idée de chacun y suppléeront. Ce sont même des travaux que l'on fait la plupart du temps soi-même, et ce n'est pas là un des moindres agréments de la Photographie.

Dans la seconde partie du laboratoire on placera utilement une table assez grande, ainsi que des tablettes. La porte de communication avec le cabinet noir devra être soigneusement recouverte d'une étoffe épaisse, pour empêcher toute lumière blanche d'y pénétrer ; une double porte serait même préférable, parce qu'elle permettrait de sortir du laboratoire pendant les opérations, ce qui est quelquefois nécessaire. C'est dans cette seconde pièce que nous placerons les différents accessoires, châssis-presses, boîtes à glaces, et même les appareils, si l'humidité ou la sécheresse ne s'y opposent point. C'est là également que la retouche des clichés se fera, ainsi que le collage des épreuves et les mille autres petites opérations du métier. Enfin une armoire contiendra les produits chimiques.

Du portrait en plein air.

Le portrait est certainement un des grands attraits de la Photographie ; mais les difficultés de le bien réussir avec les ressources limitées dont dispose, en général, l'amateur font souvent renoncer à ce genre de distraction ; il est donc utile d'encourager le débutant, en lui indiquant les moyens les plus simples pour satisfaire cette fantaisie. En effet, l'amateur qui voudra faire des portraits ne doit pas, dès le début du moins, se lancer dans l'organisation très compliquée d'une salle de pose. Outre la dépense considérable qu'entraînerait la construction d'un atelier vitré, ce serait évidemment dépasser le but, et nous pensons que, à part de rares exceptions, le portrait n'offrira jamais de compensations équivalentes aux difficultés qu'il aura procurées. L'amateur qui aura accidentellement quelques portraits à faire arrivera sans trop de peine à de bons résultats en opérant en plein air, à la condition de disposer simplement quelques rideaux pour atténuer la trop grande lumière. Malgré tout, il ne faudra jamais comparer les portraits ainsi obtenus avec ceux produits dans un atelier vitré un peu élevé, où la lumière vive et douce à la fois, et la concentration de l'éclairage sur un point permettent des effets remarquables. C'est pourquoi je compléterai ce chapitre par quelques notions sur la construction d'une salle de pose pour ceux de mes lecteurs qui trouveraient l'installation suivante par trop primitive.

Emplacement. — Il est rare, à la campagne

surtout, de ne pas trouver une place suffisamment
abritée des rayons du soleil, au nord par conséquent. C'est là qu'on installera le modèle, en évitant les reflets; derrière lui et à une certaine distance, 1^m environ, on disposera un fond de teinte
un peu sombre sur lequel l'image s'enlèvera en
clair. Pour les portraits à fond dégradé, au contraire, il est préférable d'avoir un fond clair. On
trouve dans le commerce une sorte de drap léger
spécialement fabriqué pour cet usage ; vu la grande
largeur de l'étoffe ($2^m,5o$), deux mètres suffiront.
Le haut et le bas seront fixés sur un rouleau de bois,
dont le seul poids produira une tension suffisante.
Le fond, même lorsqu'il représente un paysage, doit
toujours être un peu vague : c'est le portrait seul
qui doit appeler l'attention. On peut cependant,
faute de mieux, disposer immédiatement derrière
le modèle une tenture quelconque ou un rideau
bien drapé.

Écrans et rideaux. — Pour atténuer la lumière
latérale, et surtout celle qui frappe d'en haut, on
disposera, à une certaine hauteur, au-dessus de la
tête du modèle, un grand voile de coton bleu plus
ou moins foncé ; puis, au moyen d'un écran mobile
garni de mousseline de même couleur, ustensile
aussi facile à imaginer qu'à construire, on modifiera selon son goût l'éclairage latéral. Quant au
côté opposé, si c'est un mur blanc et qu'il soit

assez éloigné, il formera par lui-même un réflecteur suffisant; sinon, il faudrait, au moyen d'un rideau blanc ou gris, corriger l'excès d'ombre, pour ne pas avoir un portrait dur et heurté, blanc d'un côté, noir de l'autre. Ce n'est qu'à la suite d'essais nombreux qu'on se rendra bien compte de l'éclairage du modèle; ce qu'il ne faut pas perdre de vue, c'est que la lumière doit être convenablement répartie, ni trop vive ni trop faible. Le plein jour seul donne des épreuves grises, parce que la lumière n'est pas concentrée sur le modèle; trop de rideaux produit le même résultat et augmente le temps de pose. Nous aurons du reste à revenir sur ce sujet quand nous nous occuperons plus spécialement du portrait.

Fonds et accessoires de pose. — Outre le fond de drap uni, clair ou foncé, on pourrait avoir un fond en toile peinte, représentant soit un appartement, soit un paysage, ou encore un fond nuageux; mais c'est déjà du superflu, et d'ailleurs rien n'est monotone comme de voir le même décor dans une série de portraits différents. Avec le paysage, il faut un tapis d'herbe; pour en simuler un, il suffit d'étendre à terre une mince couche de gazon sec qu'on met de côté pour cet usage. Ce tapis a l'avantage de ne rien coûter et de pouvoir se renouveler à chaque saison.

Quant à l'appui-tête, il n'est pas non plus nécessaire, surtout depuis la découverte du procédé au gélatinobromure, qui permet de réduire le temps de pose à quelques secondes et même à une fraction de seconde dans certaines conditions. Enfin nous retrouvons encore ici l'amateur adroit et inventif qui saura, avec quelques branches d'arbres, constituer une balustrade, un fauteuil, une table rustique et mille petits accessoires qui font souvent très bien dans une pose d'ensemble.

Du portrait en chambre.

Mais, me dira-t-on, tout le monde n'a pas la ressource d'un jardin, et ils sont nombreux les amateurs qui n'habitent pas la campagne. Devront-ils donc renoncer pour cela au plaisir de reproduire les traits de leurs amis? Ne peut-on pas essayer de faire du portrait dans une simple chambre bien éclairée? Je ne voudrais décourager personne, mais on comprendra que, les conditions n'étant presque jamais les mêmes, il me soit difficile de donner des conseils en pareille matière. Je me bornerai donc à recommander de ne pas chercher à faire des portraits en pied; mais on aura quelque chance de réussir un buste dans une pièce convenablement éclairée. Il faudra surtout user largement de réflecteurs, recourir même à des écrans garnis de papier métallique; mais, dans tous les cas, j'estime

que le portrait en chambre n'est qu'un pis-aller
et qu'il vaudra mieux recourir au plein air toutes
les fois que la chose sera possible.

Atelier vitré.

Plus d'un amateur peut éprouver le désir de
posséder une salle de pose vitrée. Ce sera, le plus
souvent, un prétexte pour avoir une pièce décorée
avec goût, ornée de tentures anciennes, encombrée
de bibelots, un rendez-vous pour les amis ou un
simple cabinet de travail. Il est donc bon de
donner quelques conseils sur l'organisation d'un
tel local adapté aux exigences de la Photographie.

Situation. — Tout d'abord, il faudra absolument que l'atelier soit un peu élevé, surtout si l'on
est entouré de murs ou de constructions qui inter-
ceptent la lumière; il vaut mieux avoir une lumière
exagérée, qu'il est toujours facile de modérer. Un
atelier situé au rez-de-chaussée sera rarement dans
de bonnes conditions, à moins que l'on ne se trouve
au milieu d'un vaste terrain, ce qui ne se rencontre
pas souvent.

L'orientation est la première chose à étudier. Il
faut, en effet, éviter absolument la lumière du soleil; le nord est donc le seul côté par lequel l'atelier doive prendre jour. Le levant, à la rigueur,
pourrait être utilisé, à la condition de n'opérer

qu'à certaines heures; mais si on a le choix, il ne faut pas hésiter.

Dimensions et construction. — La pièce doit avoir au moins 8^m de longueur pour qu'on puisse

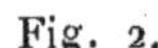

Fig. 2.

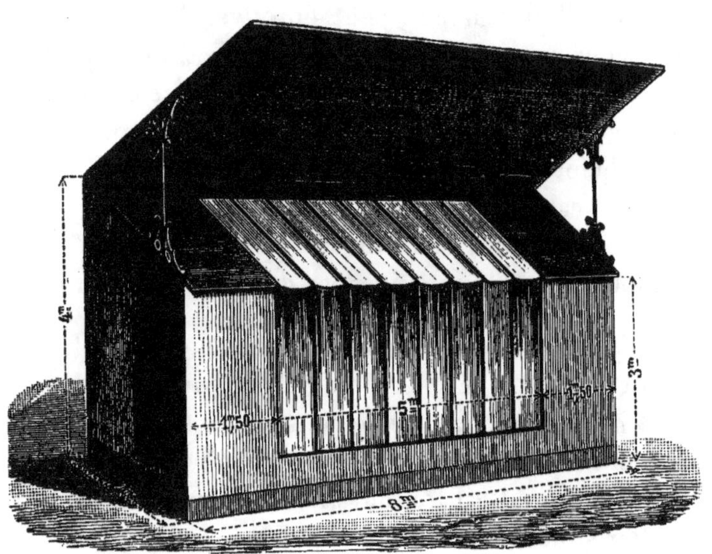

opérer dans les deux sens, 4^m environ de largeur et une hauteur proportionnée (*fig.* 2).

A chaque extrémité, on réservera une longueur de 1^m,50 non vitrée, ce qui laissera 5^m pour la partie éclairée. Le côté nord ne doit pas être garni de verres jusqu'en bas, mais seulement à partir de 0^m,60 ou 0^m,70 du plancher. De même, la toiture ne sera vitrée que sur 3^m de large. Une sorte de volet composé de lames étroites de bois, dans le genre des jalousies, préservera, s'il y a lieu, la partie supérieure des rayons du soleil. L'inclinaison en pourra être modifiée suivant la saison. On emploiera naturellement des verres doubles, dépolis au besoin, si l'on dispose de beaucoup de lumière, et maintenus au moyen de fers à T espacés d'au moins $0^m,40$. La couleur verdâtre du verre ordinaire est sans inconvénient; il est donc inutile de recourir au verre bleu qui coûte beaucoup plus cher et auquel on paraît avoir renoncé.

Organisation intérieure. — L'intérieur sera peint en bleu foncé, ou mieux en gris mat; des rideaux en satinette bleue seront disposés pour obscurcir telle ou telle partie du vitrage et modifier l'éclairage au gré de l'opérateur. Ils sont montés sur des fils de cuivre et se meuvent au moyen de poulies ou de moufles en bois. Enfin, nous retrouvons ici les accessoires du portrait en plein air, fonds et écrans, réflecteurs, etc. Nous remplacerons le fond plat monté sur rouleaux par un fond cintré qui donne tant de relief aux portraits; il est à peine besoin d'en indiquer la construction : on en trouve d'ailleurs de tout faits dans le commerce. Un tapis à petits dessins et pas trop voyant couvrira le parquet. Ici s'arrête mon rôle; le reste, c'est-à-dire l'ameublement, les décors, ces mille riens où l'on sent la personnalité de chacun, regarde l'amateur, qui saura, je n'en doute pas, avec ces quelques éléments, créer une sorte de musée où l'on admirera avant peu ses œuvres les plus remarquables.

Mais, avant de terminer ce Chapitre, j'indiquerai l'ouvrage de Baden-Pritchard, sorte de monographie des principaux ateliers photographiques de l'Europe; mes lecteurs y trouveront sans doute des renseignements précieux et, dans tous les cas, des observations fort curieuses et souvent très humoristiques sur les différentes installations de nos célébrités de la chambre noire (¹). Je citerai également le récent ouvrage de Robinson, *L'Atelier du photographe* (²).

(¹) Baden-Pritchard, *Les Ateliers photographiques de l'Europe*. In-18 jésus. Paris, Gauthier-Villars; 1885.

(²) Robinson, *L'Atelier du Photographe*. Grand in-8. Paris, Gauthier-Villars et Fils; 1888.

CHAPITRE III.

CLICHÉS OU NÉGATIFS.

Comparaison des procédés en usage. — Pour obtenir des clichés, deux procédés sont actuellement en usage ; ce ne sont pas les seuls employés, mais ceux qui donnent les meilleurs résultats et dont la connaissance, par suite, importe le plus.

Pendant longtemps, il n'y eut, pour ainsi dire, pas d'autre méthode que celle du *collodion humide,* et il faut convenir que, venant remplacer l'ancien daguerréotype sur plaque métallique, c'était déjà un immense progrès. Plus tard, on chercha à employer le collodion à l'état sec, et, après bien des essais et bien des tâtonnements, on arriva à trouver différents procédés qui, tout en augmentant considérablement le temps de pose, résolvaient cependant le problème. Récemment enfin le système des émulsions a permis d'obtenir des plaques presque aussi sensibles à l'état sec qu'à l'état humide, et susceptibles de se conserver plus ou moins longtemps ([1]). Mais le résultat capital

([1]) CHARDON (A.), *Photographie par émulsion sèche au*

de ces recherches fut la découverte et l'application du procédé au *gélatinobromure d'argent,* qui vint porter le dernier coup au collodion en lui opposant une supériorité et des avantages tellement évidents, que bientôt le procédé nouveau sera, pour ainsi dire, seul employé. Néanmoins, il ne faudrait pas se hâter de conclure que le collodion humide est tout à fait abandonné; s'il nécessite un bagage encombrant, des flacons et une foule d'accessoires peu commodes à transporter dans une excursion, les résultats qu'il donne rivalisent aisément avec ceux du gélatinobromure. Les lointains notamment, ces tons délicats et exquis d'une perspective aérienne, sont rendus avec un fini et une justesse que le gélatinobromure donne difficilement. Pour le travail à l'atelier, le collodion conserve encore sa supériorité, notamment quand il s'agit de reproductions où la finesse du trait est chose indispensable. En revanche, pour le portrait, pour les sites ombreux, les sombres et mystérieux dessous de bois et de rochers, le gélatinobromure est bien supérieur au collodion; de plus, il a sur celui-ci l'avantage de la commodité, de la rapidité, et permet de réduire à sa plus simple expression le bagage du touriste. Enfin, je ne parlerai pas de cet autre avantage, très secondaire selon moi, mais

---

bromure d'argent pur. Grand in-8°, avec figures. Paris, Gauthier-Villars; 1877.

qui, aux yeux de bien des gens, a son importance, de ne plus se tacher les doigts, ce qui permet même aux dames de faire de la photographie. Il faut donc conclure que les deux procédés se complètent l'un par l'autre et que l'on ne doit pas proscrire absolument le collodion de l'atelier photographique. Toutefois, comme je m'adresse aux amateurs, il faut bien convenir que le gélatinobromure est trop séduisant et d'une application trop commode pour ne pas sacrifier à son profit, et sauf quelques cas laissés à l'appréciation de chacun, l'ancien et regretté collodion. Je ne décrirai donc ici que le procédé au gélatinobromure; ceux de mes lecteurs qui voudraient également étudier le collodion humide trouveront à l'appendice de la première édition de cet Ouvrage les formules les plus simples et l'exposé aussi réduit que possible des manipulations spéciales à cette méthode.

Gélatinobromure d'argent.

Données générales. — Dans le procédé au gélatinobromure d'argent ([1]), le support destiné à produire le cliché est recouvert d'une couche

---

([1]) *Voir* EDER (D^r), *Théorie et pratique du procédé au gélatinobromure d'argent.* Traduit de la 2e édition allemande par MM. H. Colard et O. Campo. Grand in-8, avec fig. Paris, Gauthier-Villars; 1884.

de gélatine appliquée à chaud et contenant en suspension un excès de bromure d'argent. Après exposition à la chambre noire, il est soumis au développement, qui fait apparaître l'image latente, puis traité par l'hyposulfite de soude, qui dissout le bromure d'argent non impressionné. Malgré les recherches faites pour parvenir à la découverte d'un support transparent, mais moins fragile que le verre, c'est encore ce dernier qui est le plus généralement employé. Citons toutefois les plaques souples Balagny et surtout le papier négatif Eastman qui seront précieux pour le voyage ; ce dernier, qui se vend aussi en rouleaux, permet, au moyen de châssis spéciaux s'adaptant à tous les appareils, de prendre successivement jusqu'à quarante-huit clichés. Chaque jour d'ailleurs amène de nouvelles découvertes et il est permis d'espérer que le système des pellicules arrivera à remplacer complètement les glaces.

La préparation de l'émulsion, si elle n'offre pas de grandes difficultés, demande du moins des soins, beaucoup de temps, et une patience que certainement n'auront pas le plus grand nombre des amateurs ; aussi l'industrie s'est-elle vite emparée de l'occasion pour fabriquer sur une vaste échelle ces plaques, que l'on trouve aujourd'hui dans le commerce à des prix très avantageux. Je ne crois donc pas devoir engager mes lecteurs à préparer eux-mêmes leurs glaces, du moins en com-

mençant : ce serait évidemment ajouter une chance
d'insuccès à celles déjà trop nombreuses que l'on
rencontre dans la pratique de la Photographie;
mais rien n'empêchera que, plus tard, ne fût-ce
qu'à titre de passe-temps ou même de simple
curiosité, on n'essaye soi-même cette préparation.
On trouvera sur ce sujet une méthode aussi claire
que pratique, due à M. Audra, dans le *Bulletin
de la Société française de Photographie* (¹).

Choix des glaces. — En admettant que l'amateur suive mes conseils et emploie les plaques du
commerce au lieu de les préparer lui-même, il
n'aura que l'embarras du choix entre les nombreuses marques, toutes meilleures les unes que
les autres, disent les prospectus; mais il faut reconnaître que le résultat n'est pas toujours en rapport avec les promesses de la réclame, et le bon
marché ne devra pas, dans tous les cas, être une
raison déterminante pour l'acheteur, qui fera une
réelle économie en adoptant une marque sérieuse,
dont les preuves ne soient plus à faire. Il serait
toutefois à désirer que la qualité du verre employé
fût l'objet de plus de soin de la part des fabricants
en général; il n'est pas rare, en effet, de trouver
dans un même paquet des plaques d'épaisseur très

(¹) *Bulletin de la Société française de Photographie*, 1884,
p. 144.— *Voir* aussi AUDRA, *Le Gélatinobromure d'argent.*
2ᵉ édition. In-18 jésus. Paris, Gauthier-Villars; 1884.

variable, sans parler des bouillons qui, dans le portrait notamment, font un effet des plus fâcheux. L'essentiel pour obtenir de bons résultats est de ne point changer de plaques; mais je n'entends pas recommander ici telle fabrication de préférence à telle autre, et si, dans le courant de cet Ouvrage, je cite plutôt telle ou telle marque, c'est que je l'ai plus spécialement employée pour mon usage personnel. En adoptant une marque unique, le débutant sera, pour ainsi dire, sûr que les insuccès, s'il s'en présente, ne proviendront que de son fait, et, s'il suit bien nos instructions, il aura la presque certitude d'obtenir vite de bons résultats.

Précautions à prendre contre la lumière et l'humidité. — Quelles que soient les plaques adoptées, on devra prendre les plus grandes précautions, surtout contre l'humidité, qui est un de leurs principaux ennemis. Quand j'aurai dit que des glaces, renfermées dans des boîtes à rainures, ont donné, après plus de *quatre ans,* des résultats presque identiques à ceux de plaques nouvellement préparées, j'aurai suffisamment fait ressortir la commodité du produit et la nécessité d'en éviter accidentellement l'altération ([1]). Les boîtes hermétiques qui figurent à la liste des appareils et accessoires serviront à emmagasiner les

---

([1]) Cette remarque a été faite par M. Berthoule, amateur distingué, sur des plaques Monckhoven, ancienne fabrication.

plaques, une fois le paquet entamé (il est généralement de douze glaces), et, pour les raisons que nous venons de dire, ces boîtes devront être tenues dans une pièce sèche. En outre, toute manipulation devra s'effectuer au laboratoire, éclairé seulement avec la lumière rouge rubis, ou du moins avec une lanterne spéciale à verres de cette couleur; en effet, la sensibilité des plaques au gélatinobromure est telle que le moindre rayon lumineux, même la lumière d'une bougie, suffit pour produire un *voile*. Il sera donc prudent de tenir les châssis dans des sacs d'étoffe noire et de n'en tirer la planchette pour la pose que sous le voile servant pour la mise au point; en effet, les châssis laissent souvent passer un peu de jour; il en résulterait un voile partiel qu'il faut éviter à tout prix. C'est grâce à ces précautions, un peu fastidieuses sans doute, qu'on arrivera à obtenir des clichés clairs et bien transparents dans toutes leurs parties. Enfin, la propriété qu'ont ces glaces de se conserver longtemps offre l'avantage qu'on peut facilement les transporter et en différer sans inconvénient le développement, de façon à les réunir au besoin par séries. Il ne faudrait pas cependant différer trop longtemps le développement des plaques exposées à la chambre noire; l'image sera d'autant plus belle et plus brillante que le développement suivra de plus près l'exposition, le lendemain ou le surlendemain, par exemple, sauf les cas de force majeure, bien entendu; d'ailleurs, la curiosité aidant, l'amateur n'attendra que bien rarement pour apprécier le résultat de son expédition.

Temps de pose. — La plus grande difficulté d'emploi des plaques au gélatinobromure consiste dans l'appréciation du temps de pose. Rien n'est plus variable; il y a, en effet, une foule de causes qui ont une influence sur sa durée : sujet, éclairage, genre et ouverture de l'objectif, produits employés. Quoiqu'il existe des appareils fort ingénieux pour apprécier dans une certaine mesure le temps de pose, ce sera le plus souvent la pratique qui guidera l'opérateur; à la longue, il acquerra même une certaine intuition, qui le mettra rarement en défaut, du moins pour les cas ordinaires et pour la photographie courante, car dans certaines applications scientifiques, par exemple, l'expérience serait peut-être insuffisante. Cette opinion peut s'appuyer sur celle d'un auteur dont la compétence est indiscutable. M. Davanne, dans son ouvrage déjà cité plus haut, s'exprime ainsi au sujet des photomètres et des actinomètres :

« Un grand nombre de méthodes et d'instruments ont été proposés, ceux-ci sous le nom de *photomètres* et d'*actinomètres,* dans le but de mesurer les conditions de la lumière; peut-être l'habitude d'opérer sans ce secours nous le fait-elle trop négliger, mais jusqu'ici, quelque ingénieux

que soient ces instruments, aucun ne nous a paru
pouvoir remplacer l'habitude acquise de l'appréciation, etc. (¹). »

On pourra cependant consulter avec utilité les
tables photométriques (²), qui, dans certains cas
spéciaux, rendront plus d'un service à l'amateur.
On a en général une tendance à exagérer le temps
de pose, surtout quand on a déjà opéré au collodion
humide ; aussi, dans les premiers essais que l'on
fera, recommanderai-je de commencer par des
poses plutôt insuffisantes, sauf à les augmenter peu
à peu ; on arrivera vite de la sorte à remarquer à
quel point il faut s'arrêter. Je sais bien qu'en pratique, et l'expérience aidant, on constatera qu'il
faut une légère exagération de pose, surtout si le
sujet présente beaucoup d'opposition ; mais cet
excès est si délicat à apprécier, principalement avec
des plaques rapides, que je crois devoir maintenir
qu'il faut commencer par des poses plutôt insuffisantes qu'exagérées. Nous aurons d'ailleurs occasion de revenir sur ce détail.

Manœuvre de l'appareil. — Le sujet à reproduire étant choisi (nous verrons plus loin les règles

---

(¹) Davanne, *La Photographie.* T. I, p. 137.

(²) Vidal (L.), *Calcul des temps de pose et tables photométriques.* 2ᵉ édition. In-18 jésus, avec tables. Paris, Gauthier-Villars ; 1884. — Clément (R.), *Méthode pratique pour
déterminer le temps de pose en Photographie.* 2ᵉ édition.
In-18 jésus. Paris, Gauthier-Villars et Fils ; 1889.

applicables à chaque genre), on monte le trépied et l'on fixe l'appareil sur la partie supérieure, au moyen de l'écrou. Débouchant alors l'objectif muni de son plus grand diaphragme, on manœuvre l'arrière de la chambre noire, de façon à obtenir sur la glace dépolie l'image aussi nette que possible. Pour bien voir cette image, il faut se couvrir la tête d'un voile noir d'étoffe très serrée et suffisamment grand pour envelopper tout l'appareil (environ $1^m,70$ de côté). La percaline croisée convient très bien pour cet usage, mais une étoffe caoutchoutée, plus coûteuse il est vrai, est encore préférable. Une fois tous les détails du sujet principal bien nets, mettre le diaphragme approprié et, à l'aide de la loupe, achever la mise au point, ce qui sera d'autant plus aisé que la glace sera plus finement dépolie : c'est un point souvent négligé et qu'il est bon de signaler. L'amateur auquel le fabricant aura montré le fonctionnement de l'appareil sera déjà familiarisé avec ces détails.

Le maniement des châssis doubles ne présente aucune difficulté : il suffit de ne pas oublier que, le châssis ouvert, la glace doit être posée à plat, la face gélatinée en dessus, après l'avoir époussetée à l'aide du blaireau ; dans les châssis doubles qui s'ouvrent comme un livre, la face gélatinée doit être, au contraire, en dessous. On tourne alors les petits taquets de cuivre, mais sans les mettre complètement en travers, pour ne pas masquer la glace

dans les parties qu'ils recouvrent. Ces petits taquets
sont préférables aux coins de cuivre qui masquent
toujours une partie du cliché et empêchent quelquefois de couper l'épreuve au calibre. L'opération
de la mise des glaces au châssis s'effectue, bien
entendu, au cabinet noir, avec le moins de jour
possible, par exemple en recouvrant le verre rouge
d'un store de même couleur.

Bouchant alors l'objectif, on introduit le châssis
à la place de la glace dépolie dans les rainures disposées à cet effet; puis on tire le volet ou le rideau,
le tout sous le voile noir. En cet état, l'appareil est
prêt pour la pose, et l'on démasque l'objectif pendant le temps jugé nécessaire. Avoir soin d'employer les châssis dans leur ordre numérique et
d'en tirer le petit indicateur *posé* pour ne pas impressionner deux fois la même glace.

Une fois la pose faite (¹), le ou les châssis sont
de nouveau placés dans leur sac d'étoffe noire et
mis de côté pour le développement, qui peut se
faire de suite ou être différé comme nous l'avons
déjà dit.

Pour le développement des plaques à la gélatine,
on préconise deux méthodes qui conduisent sensiblement au même résultat, mais qui ont chacune
leurs partisans; je crois donc utile de les donner

(¹) *Voir* au Chapitre IV les conditions qui en peuvent modifier la durée, d'après le sujet à photographier.

toutes deux, en recommandant aux débutants d'employer d'abord le procédé au fer, sauf à tenter plus tard celui à l'acide pyrogallique, qui est plus compliqué et peut-être aussi un peu plus coûteux; ils apprécieront ainsi par eux-mêmes lequel des deux systèmes est préférable. Il existe un troisième procédé de développement, relativement récent, à l'hydroquinone, que je décrirai aussi, car il donne de remarquables résultats et semble offrir certains avantages sur les deux méthodes précédentes.

On trouve généralement dans chaque paquet de glaces du commerce une instruction sommaire concernant leur emploi; bien que les formules qu'on indique ainsi ne diffèrent pas sensiblement les unes des autres, il vaudra mieux cependant les suivre à la lettre. Certaines plaques réussissent mieux avec le fer; d'autres, comme les plaques anglaises, s'accommodent mieux de l'acide pyrogallique : c'est à l'opérateur à se faire une opinion là-dessus.

Développement au fer. — Le développement au fer comprend trois solutions que l'on aura soin de préparer d'avance.

A. Dissoudre à froid 300^{gr} d'oxalate *neutre* de potasse dans 1000^{cc} d'eau distillée, ou simplement d'eau de pluie filtrée (^{1}).

(^{1}) A chaud, la dissolution s'opère plus rapidement.

B. Dissoudre 75^{gr} de sulfate de fer pur dans 250^{cc} d'eau de pluie, à laquelle on ajoute une goutte d'acide sulfurique pur.

On peut avantageusement remplacer la goutte d'acide sulfurique par 1^{gr},50 d'acide tartrique; la solution, dans ce cas, peut se conserver limpide fort longtemps, si le flacon bien bouché est exposé à la lumière du jour, tandis qu'avec l'acide sulfurique elle ne se conserve guère plus de quinze jours; aussi doit-on la rejeter dès qu'elle prend une couleur jaune rouille, car elle n'agit plus d'une façon efficace.

C. Eau distillée...................... 100^{cc}
Bromure d'ammonium........... 10^{gr}

Il faut encore avoir en réserve un bain d'alun de chrome à 25^{gr} pour 1000 d'eau ordinaire, dont nous verrons l'emploi tout à l'heure, et enfin une certaine quantité d'hyposulfite de soude à 15^{gr} pour 100 d'eau pour fixer les clichés. Toutes ces solutions, sauf l'hyposulfite, doivent être filtrées. Disons en passant, et une fois pour toutes, que, dans les opérations photographiques, la plus grande propreté est de rigueur, et qu'il faudra éviter de toucher soit les glaces, soit les cuvettes, avec des doigts qui porteraient les traces de quelque produit : c'est là, en général, tout le secret pour éviter les taches qui se produisent si facilement. On devra, par la même raison, laver chaque cuvette

après s'en être servi, avoir un entonnoir spécial
pour chaque solution, ne manier les glaces que par
les tranches, le papier sensible que par les bords, et
reléguer l'hyposulfite loin des autres substances.

Pour composer le bain destiné à faire apparaître
l'image, on verse dans un verre à précipités 300^{cc}
d'oxalate de potasse, puis 100^{cc} de sulfate de fer,
quantité largement suffisante pour bien couvrir une
glace 21×27, c'est-à-dire trois parties de la solution d'oxalate contre une de la solution de fer.
C'est la formule préconisée par Monckhoven et la
plus généralement admise. Cette quantité, si l'on
emploie une cuvette 21×27, peut être réduite à :

Oxalate.......................... 270^{cc}
Fer 90

Pour une cuvette demi-plaque, on prendra :

Oxalate .... 135^{cc}
Fer 45

Il sera avantageux, pour les dosages suivants,
d'indiquer sur le verre même le niveau que devront
atteindre les deux solutions, qu'il ne faut pas inter-
vertir. Dès que le fer se mêle à l'oxalate, le liquide
prend une belle coloration rouge, mais ne doit pas
se troubler. Il est préférable toutefois de ne pas
verser immédiatement tout le fer dans l'oxalate, si
l'on n'est pas sûr du temps de pose : le développement se fera moins vite, et l'on pourra plus faci-

lement en suivre les progrès. Le mélange est mis
dans l'une des cuvettes plates en porcelaine, que
l'on place devant la fenêtre et au-dessus de l'évier.
Dans une seconde cuvette placée plus loin, mais à
portée de la main, on verse une certaine quantité
d'hyposulfite et l'on ferme le volet à verres rouges.
Il sera même prudent de fermer également le volet
à verres jaunes jusqu'au moment où l'image commencera à se montrer. Ouvrant alors le châssis, on
en retire la glace avec précaution, on l'époussète
de nouveau, puis on soulève la cuvette de la main
gauche, et appliquant la glace, gélatine en dessus,
dans la partie laissée à sec, on abaisse le tout de
façon que le liquide, revenant sur lui-même,
inonde tout d'un coup la couche impressionnée.
Cette couche ayant une tendance à repousser l'eau,
il faut maintenir la cuvette dans un lent, mais con-
tinuel mouvement de bascule, pour que toutes les
parties du cliché reçoivent régulièrement l'action
du bain. C'est pourquoi on a proposé de plonger
au préalable la glace dans l'eau. Nous ne sommes
pas partisan de ce système, car il suffit d'un peu
de soin pour éviter les bulles d'air, et l'action du
fer est plus énergique, puisqu'il agit plus directement sur la couche sensible. Si la pose a été
exacte, on ne tarde pas à voir apparaître les grands
noirs qui, nous le savons, correspondent aux
grandes lumières du sujet; c'est en général au bout
de vingt à trente secondes. Puis les détails se mon-

trent successivement, et plus on prolonge l'action du bain, plus l'intensité s'accroît. Au bout de deux minutes, on examine le cliché par transparence; mais il faut reconnaître qu'il n'est guère aisé d'apprécier la valeur d'une semblable image; car, si certaines plaques permettent de suivre assez bien les progrès du développement, d'autres, dont la couche de gélatine est plus épaisse, rendent cet examen très difficile; aussi, quelque habitude qu'on ait du procédé, il peut arriver qu'on arrête trop tôt l'action du révélateur; à plus forte raison le commençant sera-t-il embarrassé sur ce point. Il devra donc tenir compte et de la durée du développement (quatre ou cinq minutes environ avec un bain neuf), et de l'opacité du cliché, qui doit être très grande car elle perdra beaucoup au fixage, et voir enfin si les grands noirs ont traversé la couche, c'est-à-dire si l'image est plus ou moins visible à l'envers de la glace.

J'ai dit que quatre ou cinq minutes suffisaient, en général, avec un bain neuf; en effet, le même révélateur peut servir pour deux ou trois clichés consécutifs et même davantage; mais, au bout de trois opérations, son action est tellement ralentie qu'il y a intérêt à renouveler la solution. La deuxième glace mettra donc environ six à huit minutes, et la troisième souvent dix, et quelquefois plus avant d'arriver à être complètement développée. On trouvera dans la brochure de M. Audra

5.

déjà citée le moyen de revivifier les vieux bains de fer, qui peuvent ainsi servir jusqu'à épuisement.

Excès ou insuffisance de pose. — Le bromure, qui n'est pas toujours indispensable, du moins avec certaines plaques, par exemple celles de Beernaërt, celles de Monckhoven, etc., a pour but de corriger dans une certaine mesure l'excès de pose, en retardant le développement. Si, en effet, aussitôt mise au bain, l'image apparaît brusquement dans toutes ses parties, c'est évidemment que l'exposition à la chambre noire aura été exagérée ; le cliché terminé sera gris, sans vigueur, voilé même, et impropre à donner de bonnes épreuves positives. A l'inverse, l'insuffisance de pose se dénotera par un retard considérable dans l'apparition de l'image, et, lors même que l'on prolongerait à outrance le développement, le résultat ne serait qu'un cliché heurté, sans demi-teintes. Toutefois, si le manque de pose était insignifiant, on pourrait, à la rigueur, y remédier en ajoutant au révélateur, comme le conseille M. Audra, des traces d'hyposulfite de soude, c'est-à-dire quelques centimètres cubes d'une solution à 1^{gr} pour 1000, par exemple ; mais il faut être très prudent, car un voile général envahirait bien vite le cliché, qui serait infailliblement perdu. Quant à l'excès de pose, le bromure alcalin indiqué plus haut, ajouté, dans une légère proportion (quelques gouttes), au bain de fer, pourra retarder l'action de ce bain; mais il serait à craindre que son emploi ne rendît le cliché un peu dur. Un autre moyen consiste à retirer la glace du bain et à ajouter au révélateur la moitié ou la totalité de son volume d'eau : ce qui suffira pour ralentir son action et empêcher l'empâtement du cliché ([1]). Au lieu de tous ces moyens, qui ne doivent être considérés que comme des palliatifs, le mieux sera toujours d'avoir une pose aussi juste que possible, ce à quoi l'on arrive bien vite avec un peu d'expérience, et de développer à fond sans addition de bromure ni d'hyposulfite.

Fixage et lavage. — L'image jugée assez intense, on retire la plaque du bain et on la lave abondamment, pendant quelques minutes, sous le robinet à jets divisés; puis on la plonge dans la solution d'hyposulfite, où elle doit rester jusqu'à ce qu'elle ait perdu son aspect opalin. Il est avantageux de posséder une boîte quelconque renfermant la cuvette; cela permet de sortir du laboratoire pendant le fixage, qui demande au moins dix minutes. Il faut également employer un bain neuf, ou tout au moins le renouveler après deux ou trois clichés : on évitera, par ce moyen, bien des accidents. Je sais cependant des opérateurs, et d'excellents, qui emploient le même bain d'hypo-

---

([1]) BASCHER, *Expose complet du procédé au gélatinobromure*, p. 17.

sulfite pour ainsi dire jusqu'à épuisement ; mais le travail souvent interrompu de l'amateur, d'une part, et, d'autre part, le bon marché du produit me font maintenir qu'il est préférable d'avoir un bain de fixage neuf.

Après l'hyposulfite, le lavage doit être plus abondant qu'après le développement, de façon à

Fig. 3.

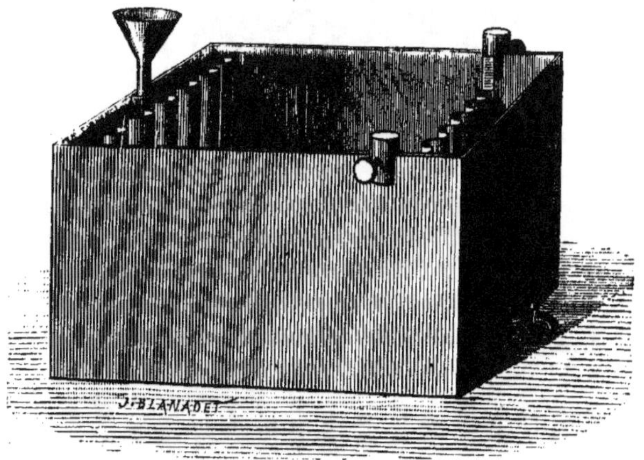

éliminer de la couche de gélatine toute trace de sel qui pourrait nuire à sa conservation. On emploiera avec succès une fontaine en zinc munie de rainures, capable de contenir toute la série de glaces développées. Celle que j'ai imaginée pour mon usage (*fig.* 3) peut être fabriquée à peu de frais par un ferblantier quelconque ; les rainures sont constituées par deux feuilles de zinc ondulé, dont

l'une est fixe et l'autre (*fig.* 4) peut, à l'aide de
deux pressés à vis comme celles qu'on emploie

Fig. 4.

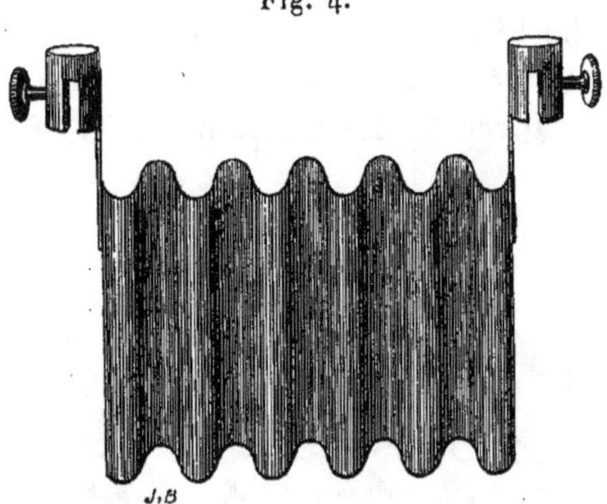

pour les piles, se placer parallèlement à la première, mais à une distance variable selon la largeur
des glaces à laver. Les glaces reposent sur une

Fig. 5.

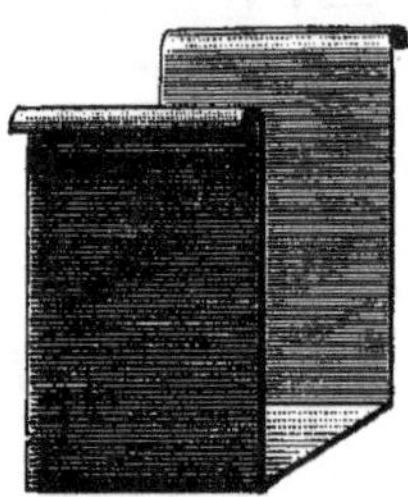

feuille de zinc repliée en forme d'U (*fig.* 5), plus
ou moins profonde suivant leur hauteur. De cette

façon, elles ne touchent pas le fond de l'appareil et l'eau courante qui tombe dans 'l'entonnoir s'échappe par un robinet placé à la partie inférieure. En multipliant les cloisons mobiles, il est facile de laver, en même temps, des glaces de formats les plus divers.

Pour que le niveau de l'eau soit tout le temps le même dans l'appareil, il est nécessaire de faire adapter un **trop-plein** à la partie supérieure de la cuve. Ce trop-plein a été omis dans la figure.

Après ce lavage prolongé durant environ deux

Fig. 6.

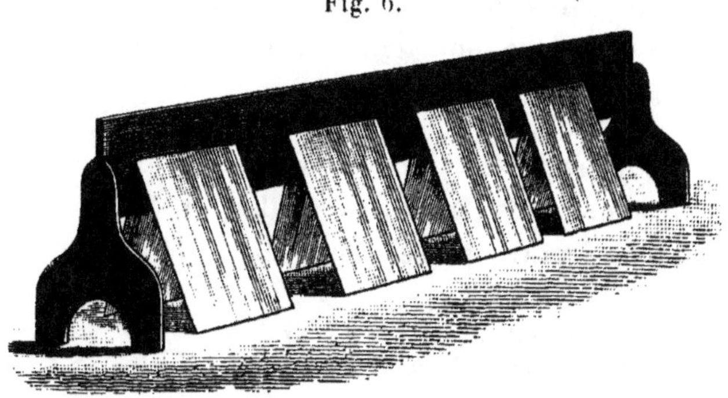

heures, il reste à mettre les glaces pendant vingt minutes dans le bain d'alun, qui les éclaircit et rend la gélatine partiellement insoluble et imputrescible. On lave une dernière fois pendant quelques minutes, et on laisse sécher sans employer l'aide de la chaleur, ce qui demande un temps assez considérable. Les séchoirs à rainures qu'on emploie d'ordinaire offrent cet inconvénient que, les clichés étant placés très près les uns des autres, la dessiccation est souvent longue et irrégulière. Il est préférable de placer les glaces sur une tablette garnie de papier buvard, en les inclinant contre le mur. Le petit meuble représenté par la *fig*. 6 est également très commode. On peut enfin, si l'on est pressé, opérer la dessiccation en moins d'une heure, en trempant pendant cinq minutes les glaces bien égouttées dans un bain d'alcool à 36°.

Les clichés développés par la méthode qui précède se rapprochent beaucoup de ceux obtenus au moyen du collodion humide; ils ont une grande douceur, et même, pour le portrait notamment, ils sont souvent plus harmonieux.

Développement à l'acide pyrogallique. — Le développement à l'acide pyrogallique exige les solutions suivantes qui se conservent indéfiniment :

A. Alcool absolu.................. 100^{cc}
   Acide pyrogallique .... 10^{gr}

B. Eau distillée .... 100^{cc}
   Bromure d'ammonium .... 10^{gr}

Pour l'emploi, on mélange à 150^{cc} d'eau 4^{gr} de la solution A et 5^{gr} de la solution B, puis on ajoute dix à quinze gouttes d'ammoniaque pure. Ce mélange, qu'il ne faut faire qu'au moment de s'en servir, doit être rejeté après chaque opération et s'emploie comme le fer, c'est-à-dire qu'on le verse dans une cuvette en porcelaine. La glace plongée dans ce bain, sans temps d'arrêt, s'y développe avec rapidité, en quelques secondes ; il faut donc surveiller attentivement la venue de l'image, et surtout ne pas oublier que la teinte jaune peu photogénique que prend la couche de gélatine est une raison de ne pas pousser trop loin l'action de ce genre de révélateur.

Si l'image apparaissait brusquement et uniformément, ce serait l'indice d'une pose exagérée : il faudrait ajouter un peu de la solution de bromure. Si, au contraire, il y avait insuffisance de pose et que l'image tardât à apparaître, on pourrait ajouter quelques gouttes d'ammoniaque, mais avec une extrême prudence, car un voile serait à craindre si l'on avait la main trop lourde.

Actuellement, on a à peu près généralement renoncé à l'ammoniaque, que l'on remplace avantageusement par du carbonate de soude, avec lequel le voile vert est moins à craindre et qui est inodore. On fait dans ce cas deux solutions :

$$
\begin{array}{llr}
\text{A. Eau de pluie} & \ldots\ldots\ldots\ldots\ldots & 750^{cc} \\
\text{Sulfite de soude} & \ldots\ldots\ldots\ldots & 100^{gr} \\
\text{Acide pyrogallique} & \ldots\ldots\ldots & 15^{gr} \\
\end{array}
$$

$$
\begin{array}{llr}
\text{B. Eau de pluie} & \ldots\ldots\ldots\ldots & 750^{cc} \\
\text{Carbonate de soude} & \ldots\ldots\ldots & 50^{gr} \\
\end{array}
$$

Pour le développement, on prend parties égales des deux solutions, ou bien, s'il y a eu erreur dans le temps de pose, on modifie ces proportions, en partant toujours de ce principe que l'alcali fait venir les détails, fouille l'image et hâte sa venue; que l'acide pyrogallique augmente l'intensité générale du cliché et que le bromure retarde l'action du révélateur, mais rend l'image plus dure.

L'avantage de ce mode de développement paraît principalement consister en ce qu'il laisse plus de latitude pour le temps de pose; on peut en effet, comme nous venons de le voir, modifier l'intensité du cliché, la retarder ou l'accélérer dans une certaine mesure; mais, comme ce résultat peut aussi s'obtenir avec le fer, nous ne voyons pas que l'on doive nécessairement lui préférer l'acide pyrogallique. Il n'est cependant pas douteux que le développement alcalin produit des clichés plus vigoureux, qui semblent plus fouillés que si l'on emploie le fer; cela tient surtout à la coloration jaune que prend la gélatine dans le bain d'acide pyrogallique, et c'est là aussi la raison pour laquelle les détails ressortent mieux. Si cette coloration était par trop prononcée, on pourrait l'atténuer en plongeant, après le fixage, le cliché quelques minutes dans un bain d'acide citrique ou chlorhydrique à 2 ou 3 pour 100; mais souvent la couche se soulève : c'est donc un moyen qu'il ne faut pas employer sans nécessité (¹). D'autre part, certains praticiens ont cru

---

(¹) On enlève les taches produites par l'acide pyrogallique

remarquer que la couche de gélatine développée à l'acide pyrogallique avait une tendance à se modifier à la longue sous l'action de la lumière; les voiles sont également plus à craindre qu'avec le fer.

Le cliché une fois traité par l'acide pyrogallique est, comme plus haut, fixé, mais sans lavage préalable, puis enfin passé à l'alun et soumis au lavage final.

Développement à l'hydroquinone (¹). — On a beaucoup discuté sur les qualités de l'hydroquinone employée comme révélateur. D'après mes expériences personnelles, dont les résultats ont toujours été identiques, je pense que le dissentiment pourrait provenir uniquement des produits employés. Aussi je ne saurais trop engager mes lecteurs à essayer ce mode de développement, qui offre sur les deux précédents certains avantages, dont le principal est l'absence de voile, inconvénient si fréquent, surtout avec l'acide pyrogallique. On peut, en effet, employer pour l'éclairage du laboratoire une lumière beaucoup plus vive et examiner franchement la venue des clichés à la lumière jaune; on pourrait même développer entièrement, sauf la mise au bain, à la lumière jaune,

---

sur la peau au moyen d'une solution très étendue d'acide chlorhydrique (4 ou 5ᶜᶜ pour 100).

(¹) Cette substance est dérivée de la quinone, résultant elle-même de l'oxydation de l'acide quinique qui existe dans les quinquinas.

bien que, dans ce cas, les clichés m'aient paru un peu moins limpides qu'avec la lumière rouge. Il vaut donc mieux ne rien changer à l'éclairage du laboratoire. De plus, l'hydroquinone ne tache pas les doigts comme l'acide pyrogallique : c'est tout au plus si elle tanne un peu la peau ; la teinte des clichés se rapproche de celle des clichés développés au fer ; enfin son énergie très grande semble l'indiquer pour les vues instantanées.

On prépare à chaud les deux solutions suivantes :

A. Eau de pluie .... 150^{cc}
   Sulfite de soude .... $37^{gr},50$

B. Eau de pluie .... 300^{cc}
   Carbonate de soude .... 75^{gr}

Pour obtenir le révélateur, on réunit les deux solutions encore tièdes et l'on ajoute 5^{gr} d'hydroquinone. A l'aide d'un agitateur en verre, on active le mélange et l'on filtre.

Un bain neuf ne doit jamais être employé seul, même pour des vues instantanées, sauf peut-être lorsque les clichés auront été pris dans de mauvaises conditions d'éclairage, par exemple l'hiver, ou avec un obturateur excessivement rapide. Mais, lorsque la lumière est très vive, et notamment pendant les mois d'été, il y a intérêt à couper la solution du tiers ou même de la moitié d'un bain ayant déjà servi à développer quelques glaces. Sans cette précaution, l'image serait grise et sans vigueur : c'est d'ailleurs à cet indice qu'on reconnaît que la solution est trop concentrée.

A défaut de vieux bain, on se trouvera bien d'ajouter, comme l'indique M. Balagny, dix gouttes d'acide acétique cristallisable par 100^{cc} de révélateur neuf. Si l'on n'avait à sa disposition ni bain ayant servi, ni acide acétique, il faudrait sacrifier une ou deux glaces qui, exposées au jour et plongées dans la solution, l'affaibliront suffisamment.

La proportion de vieux bain devra être encore modifiée s'il s'agit de développer des clichés posés, et être augmentée d'autant plus que la pose aura été plus longue. Enfin, comme, en s'épuisant, le bain d'hydroquinone a une tendance à donner des images plus dures quoique toujours limpides, son emploi est tout indiqué pour les épreuves positives sur verre, vitraux, reproductions, etc., auxquelles il communique un ton d'une grande richesse.

Le même bain peut développer successivement plusieurs clichés; mais son action, très vive au début, se ralentit peu à peu et il faut alors ou ajouter du bain neuf, ou renouveler la solution.

Au lieu de jeter le bain d'hydroquinone, on aura soin de le garder, après l'avoir filtré, dans un flacon spécial à l'abri de l'air et de la lumière, pour l'employer selon les besoins, en tenant compte de ce que j'ai dit plus haut au sujet de son énergie décroissante. Il peut servir tant que sa coloration n'est pas trop accentuée. Le reste des opérations, fixage, lavage, etc., se fait comme avec le fer, sauf qu'il est inutile d'agiter constamment la cuvette pendant le développement.

Renforçage des clichés. — L'appréciation d'un négatif est chose délicate pour un débutant. A quoi reconnaîtra-t-il que tel cliché est parfait ou insuffisant pour le tirage des épreuves positives? L'expérience seule servira de guide; malgré toute l'habitude que l'on peut acquérir, on est souvent embarrassé sur la valeur d'un cliché : le mieux est de tirer une épreuve sur papier comme nous le verrons plus loin. De la difficulté de bien se rendre compte au laboratoire de l'intensité de l'image négative, il peut résulter deux inconvénients : ou bien le cliché sera trop faible, ou bien il sera trop accentué. Si la vigueur de l'image n'était que de très peu insuffisante, le renforçage serait peut-être un remède pire que le mal, et il vaudrait mieux recourir à d'autres expédients qui trouveront leur place au Chapitre du tirage des épreuves sur papier. Mais si le ton général du cliché était absolument faible, ce qu'il est facile d'apprécier, même sans une grande expérience, il faudrait tenter de le sauver au moyen du renforçage. Pour cela, on a en réserve les deux solutions suivantes :

A. Eau distillée................... 200^{cc}
   Bichlorure de mercure......... 20^{gr}

B. Eau.......................... 200^{cc}
   Ammoniaque.................. 20^{cc}

6.

On plonge le cliché dans le premier liquide, où il blanchira d'autant plus qu'il y séjournera plus longtemps; puis, après l'avoir bien lavé, on le plonge dans le second, où il ne tarde pas à noircir dans la même proportion : ce qui permet de produire une opacité plus ou moins grande, selon que la glace aura plus ou moins reçu l'action du sel de mercure. Bien laver et laisser égoutter.

Le renforçage, qui aura lieu en pleine lumière, peut se faire soit sur le cliché sec, et, dans ce cas, on le trempera pendant quelques minutes dans l'eau, soit immédiatement après le dernier lavage qui suit l'hyposulfite de soude, et c'est ce procédé qui est le meilleur.

Si, au lieu d'un renforçage énergique, on n'a besoin que de peu d'intensité, on modifiera comme il suit la formule ci-dessus :

A. Eau distillée.................... 100^{cc}
   Bichlorure.................... 2^{gr}

B. Eau........................ 100^{cc}
   Ammoniaque................. 5^{cc}

Il ne faut recourir au renforçage que le moins possible, les clichés ainsi traités, du moins par les sels de mercure, ayant une tendance à jaunir et à s'altérer à la longue.

Il n'est pas inutile de rappeler ici que le bichlorure de mercure est un poison violent qu'il faut employer avec la plus grande prudence, surtout si l'on a des blessures aux mains. Le mieux est de faire usage d'une sorte de cadre en bois muni d'une poignée, dit *pistolet,* au moyen duquel on manœuvre le cliché sans y toucher avec les doigts. Le liquide, contenu dans un verre à expériences, est alors versé sur la plaque que l'on balance régulièrement. On peut également se servir d'une cuvette; ce procédé est plus économique.

Atténuation des clichés. — S'agit-il, au contraire, d'atténuer un cliché trop poussé, c'est-à-dire trop vigoureux, trop intense, on aura recours à la méthode suivante, due à M. Farmer, et communiquée par M. Audra à la Société française de Photographie ([1]) : « Le cliché, une fois développé et bien lavé, est plongé, soit humide, soit sec, dans une cuvette contenant :

	Parties.
Ferricyanure de potassium (prussiate rouge)...........................	$\frac{1}{2}$
Hyposulfite de soude..............	5
Eau	100

» L'action est rapide, et l'on ne doit pas perdre le cliché de vue, afin de le plonger rapidement dans l'eau aussitôt que l'on a obtenu le résultat désiré. On doit faire deux solutions séparées, l'une de ferricyanure de potassium à 1 pour 100, et l'autre

---

([1]) *Bulletin de la Société française de Photographie,* 1884, p. 177.

d'hyposulfite à 10 pour 100 ; au moment de s'en servir, on mélange les deux solutions par parties égales. On peut réduire plusieurs clichés dans le même liquide ; mais, au bout de quelque temps, il perd son action. »

Après cette opération, il faut un lavage abondant, à cause de l'hyposulfite de soude. Il est bon aussi de faire remarquer que certains vernis affaiblissent dans une mesure très appréciable l'intensité des clichés ; c'est même un des moyens les plus simples, et qui suffit presque toujours si la limite n'a pas été trop dépassée.

Disons-le encore une fois, ces moyens de correction doivent être tout à fait exceptionnels, et l'on devra toujours chercher à obtenir un cliché sans y avoir recours.

Vernissage. — Il n'est pas indispensable, pour le tirage des épreuves sur papier, de vernir les clichés à la gélatine : la dureté et la résistance de la couche sont suffisantes pour empêcher toute éraillure. D'un autre côté, il faudra n'employer que du papier parfaitement sec ; en effet, un temps humide suffit pour ramollir la gélatine, qui est, de sa nature, très hygrométrique ; il en résulte qu'elle pourrait absorber des parcelles de nitrate d'argent du papier, lesquelles, noircissant sous l'influence de la lumière, laisseraient autant de marques qui gâteraient le cliché sans remède. Il sera donc prudent de recouvrir la couche de gélatine d'un vernis spécial à froid (vernis Parrayon), ou même de vernis ordinaire à la gomme laque. Pour appliquer ce dernier, on fait légèrement chauffer la glace sur un réchaud et non sur une lampe à alcool qui pourrait enflammer le vernis ; puis la prenant, gélatine en dessus, par son angle gauche supérieur, et la tenant horizontale, on verse à sa surface vers le milieu une quantité de vernis suffisante pour en couvrir à peu près les deux tiers. A ce moment, on relève doucement la plaque, de manière à la couvrir complètement du liquide, dont on reçoit l'excès dans le flacon par l'angle inférieur de droite, en balançant légèrement la plaque pour détruire, en les croisant, les rides qui se forment dans le sens de l'écoulement. Chauffer de nouveau pour terminer. Une couche de collodion normal produira le même effet.

Le collodion normal se compose de :

Éther à 62°......................	300^{cc}
Alcool à 40°....................	250^{cc}
Coton-poudre...................	5^{gr}

On le prépare en mettant l'alcool dans un flacon bouché à l'émeri, d'une capacité suffisante, puis on y introduit le coton-poudre par petites touffes bien divisées, on agite le flacon et l'on ajoute l'éther. Ne pas oublier que les vapeurs d'éther sont très inflammables ; éviter, en conséquence, d'opérer près d'une lumière. On décante au bout de cinq ou six jours.

Accidents. — Il ne faut pas croire que, malgré la simplicité des opérations qui précèdent, le résultat soit toujours un cliché parfait; je dois le répéter, c'est surtout la pratique qui montrera par où l'on pèche. Quant aux accidents qui proviennent de la préparation même de l'émulsion, ils seront d'autant plus rares que l'on aura choisi une meilleure marque, et, si l'on opère avec tous les soins et toutes les précautions que j'ai indiqués, on n'aura pour ainsi dire jamais d'insuccès grave. Il peut arriver cependant que la couche se soulève pendant les opérations. Cet accident, qui se produit surtout en été, peut être en partie évité en plongeant la glace dans l'alun, soit avant, soit après le développement. Quant aux voiles qui enlèvent tout ou partie de la limpidité d'un cliché d'ailleurs correct, ils proviennent neuf fois sur dix d'une lumière intempestive, ou même de reflets qui seront venus frapper la glace pendant les diverses manipulations; nous avons vu les précautions à prendre pour s'en garantir; il est donc inutile d'en parler de nouveau.

CHAPITRE IV.

APPLICATIONS DIVERSES.

Quelle que soit la méthode employée pour produire un cliché, il y a lieu de se préoccuper du genre de photographie que l'on a à faire ; car, si les formules restent invariables, il est évident que certaines causes en modifieront l'emploi, et que, de plus, il y aura certaines règles spéciales à chaque sujet ; un portrait, par exemple, demandera plus de soins qu'un paysage, l'épreuve finale devra être plus douce, la lumière plus atténuée. D'un autre côté, et abstraction faite des opérations chimiques, il faudra modifier l'éclairage ou n'opérer qu'à certaines heures, selon les effets à produire et la nature du sujet. Il était donc nécessaire d'appeler l'attention sur les moyens à prendre pour arriver dans tous les cas à de bons résultats, et nous allons passer en revue les principaux genres qui pourront solliciter l'amateur, en donnant sur chacun d'eux quelques conseils pratiques.

Portraits.

Outre l'installation déjà décrite pour obtenir des portraits en plein air ou à l'atelier, il y a certaines précautions particulières à prendre. En première ligne se place la pose du modèle, c'est-à-dire l'attitude de la personne à photographier; car, si nous voulons obtenir un portrait en pied, par exemple, tout devra contribuer à le rendre harmonieux dans son ensemble. Rien n'est plus difficile, et bien des photographes de profession font prendre à leurs modèles des poses invraisemblables, guindées et fausses, qui suffisent pour ôter toute valeur à leur œuvre. En cette matière, les conseils d'un peintre pourront être d'un précieux secours; mais on tâchera, dans tous les cas, de s'en tenir aux attitudes naturelles.

Si c'est un groupe qu'il s'agit de reproduire, on aura soin d'éviter que les yeux de chaque personne soient fixés sur l'objectif. Enfin on pourra de préférence faire des bustes, genre fort à la mode, et qui supprime bien des difficultés. Le modèle, dans ce cas, est assis, de façon à éviter tout déplacement; on modifie selon son goût l'éclairage, au moyen d'écrans ou de rideaux blancs ou colorés, et l'on met au point sur les yeux ou sur la barbe. L'appui-tête, dont l'emploi était pour ainsi dire indispensable avec le collodion humide, à cause de la longueur de la pose, peut être supprimé avec le gélatinobromure, du moins pour les bustes; l'immobilité du modèle sera bien suffisante pendant les quelques secondes qu'exige ce procédé. On se trouvera également bien de tendre du côté où regardera la personne à photographier une grande étoffe noire, sur laquelle on placera, dans la direction des yeux, un petit disque rouge dont l'effet sera de dilater la pupille. On démasquera alors l'objectif, soit à la main, soit de préférence au moyen de l'obturateur pneumatique, placé autant que possible à l'intérieur de l'appareil. De cette façon, on peut saisir le moment où l'expression de la personne est le plus convenable. Pour les enfants, ce système d'obturateur est à peu près indispensable; car, quelle que soit la rapidité de la pose, il n'est pas toujours aisé de fixer la mobile et fugitive expression de ces modèles turbulents; si l'on tient absolument à obtenir leur image, il faudra se résigner à recommencer plusieurs fois de suite. S'agit-il, au contraire, de faire uniquement preuve de bonne volonté, on pourra employer le petit stratagème suivant, qui, s'il n'est pas très honnête, suffira cependant pour s'assurer les bonnes grâces et les remerciements de parents trop indiscrets. Il consiste, disons-le tout bas, à faire le simulacre de la pose; au bout de deux ou trois opérations, on aura suffisamment prouvé son désir d'être agréable, car le modèle *aura chaque fois remué.*

Au besoin, on pourra terminer par un *vrai* cliché. Mais je me hâte de dire que ce procédé, qui était admissible avec le collodion humide, n'est plus guère de mise avec le gélatinobromure, puisqu'il suffit, avec un objectif double, d'un dixième de seconde pour obtenir de fort jolis portraits d'enfants.

Profitons de la circonstance pour recommander aux amateurs de ne montrer leurs clichés que le plus rarement possible; ils se mettront ainsi à l'abri de plus d'une exigence d'épreuves qu'il est souvent difficile de refuser, lors même qu'elles seraient imparfaites.

Le portrait s'obtient plus rapidement et dans de meilleures conditions avec un objectif à portraits. Dans ce cas, la pose peut se réduire à deux ou trois secondes pour une carte-médaillon en plein air avec des plaques de rapidité ordinaire (¹); toutefois, l'aplanétique dont nous avons conseillé l'achat suffira pour donner des résultats satisfaisants. Il donnera même des épreuves plus grandes qu'un objectif double demi-plaque; car il ne faut pas perdre de vue qu'on ne peut guère, avec cet instrument, dépasser la dimension de la carte de visite, tandis qu'avec l'aplanétique indiqué pour le 21×27 on pourra obtenir facilement une carte-

---

(¹) Avec des plaques Beernaërt, j'ai l'habitude d'opérer en employant toute la vitesse d'un obturateur Guerry.

album, qui exige ordinairement un objectif double dit *trois-pouces*. On peut même atteindre les formats dits *carte-promenade* (0, 10 × 0, 21) et *Paris-portrait* (0, 13 × 0, 23); en revanche, il faudra compter au moins quatre ou cinq secondes de pose selon les plaques, si l'on emploie l'instrument muni de son plus grand diaphragme. Enfin on se trouvera bien de faire adapter à la chambre noire un châssis multiplicateur, qui permettra de faire deux portraits sur une même glace.

En dehors de la carte-médaillon, on peut aussi faire des portraits à fond dégradé; mais ceci est plutôt une affaire de tirage. Dans tous les cas, je recommanderai de choisir, pour le portrait en plein air, un temps relativement sombre, ou tout au moins le moment où le soleil est déjà bas sur l'horizon : la lumière, dans ces conditions, sera plus douce et plus régulière. Dans l'atelier, on opérera par tous les temps, puisqu'on aura la ressource de modérer la trop grande lumière, l'essentiel étant, je ne saurais trop le répéter, d'obtenir un éclairage très adouci, mais sans excès, pour ne pas vieillir le modèle. De même, il faudra tenir compte de la couleur des vêtements, éviter le plus possible le blanc et les teintes trop sombres. Toutefois, pour certains modèles, les personnes blondes notamment, on obtiendra un ensemble plus harmonieux avec des vêtements clairs : ceci est une affaire d'appréciation, et c'est surtout l'effet produit qu'il faut considérer.

Les clichés de portraits seront développés au fer, mais sans être trop poussés; la figure ne doit, en effet, présenter aucune partie absolument blanche, et nous sommes loin des anciens portraits d'où les demi-teintes étaient soigneusement proscrites. Il faut peu d'intensité parce que la retouche corrigera les parties trop faibles; néanmoins on devra éviter de tomber ici dans l'excès, surtout si les clichés doivent être tirés aux sels de platine. Dans ce cas, il faut même une certaine vigueur.

Paysages.

Le paysage est le véritable terrain de l'amateur; c'est de ce côté qu'il sera certainement attiré, d'autant plus qu'ici tout sera pour lui satisfaction, depuis l'excursion souvent faite en joyeuse compagnie, jusqu'au résultat final qui lui rappellera les endroits pittoresques qu'il aura parcourus. Aussi les règles à donner sont-elles peu nombreuses, car le goût de l'opérateur est presque toujours le seul juge en la matière. Toutefois, on comprendra que la lumière n'agit pas de la même manière à toute heure du jour; le matin, elle est plus vive, tandis que, l'après-midi, elle est plus jaune, partant moins active. Le meilleur éclairage est celui qui frappe un peu de côté et qui donne par conséquent des ombres portées un peu allongées; on évitera, par exemple, d'avoir le soleil directement derrière l'appareil : il sera préférable de l'avoir soit à gauche, soit à droite. Si l'on a des vues à prendre à contre-jour, notamment pour des effets d'eau, on veillera à ce que le soleil ne frappe pas dans l'objectif. Le paysage proprement dit, c'est-à-dire des masses d'arbres, des roches, un cours d'eau, etc., gagnera toujours à être éclairé par le soleil : l'image aura plus de vigueur, plus de relief ; mais il faudra surtout éviter le vent, lequel, si faible qu'il soit, suffit pour ôter toute valeur au cliché. A ce propos, faisons remarquer que le matin le vent est souvent presque nul ; ce n'est, généralement, que vers dix heures que la brise devient trop forte.

Le printemps et l'automne sont les saisons les plus riches en effets, et par conséquent les plus propices aux excursions ; malheureusement, l'amateur ne pourra pas toujours profiter des belles journées. Il est vrai que l'hiver lui-même nous apporte son contingent de motifs curieux ; et, sans parler de ces beaux arbres dont la gigantesque structure se détache si finement sur un ciel pâle, nous trouverons par un temps de neige ou de givre plus d'une occasion de faire usage de nos appareils. Il faudra aussi éviter d'emporter beaucoup de glaces ; on cherchera plutôt la qualité que la quantité, et trois ou quatre clichés seront bien suffisants pour une seule sortie ; il sera cependant bon quelquefois de prendre deux clichés des sujets intéressants, surtout si l'on ne peut que difficilement les

recommencer. Enfin, toutes les fois qu'on pourra
préalablement faire une étude des sites à photographier, cela n'en vaudra que mieux, car l'éclairage varie avec chaque sujet et ce sera un grand
point d'être fixé à cet égard. L'on ne devrait même
jamais négliger cette excursion préalable, car lorsqu'on part à l'aventure, on n'ose généralement pas
revenir sans avoir utilisé sa sortie : de là ces clichés
déplorables, où tout fait défaut, finesse, relief, etc.,
et qui font d'autant plus regretter de n'avoir pas
opéré à l'heure propice et avec un éclairage convenable. On pourra, dans cette excursion, se munir
utilement du petit appareil à main dont nous avons
déjà parlé.

Il y aurait beaucoup à dire sur la composition
du tableau, c'est-à-dire sur l'adaptation d'un paysage donné à un sujet déterminé d'avance, tel qu'un
groupe pittoresque, etc. Je ne saurais trop recommander l'intéressant ouvrage de Robinson ([1]) sur
cette matière; mes lecteurs y puiseront certainement des idées nouvelles et des indications précieuses qui leur permettront de donner plus de
valeur à leur œuvre.

La mise au point se fera sur le sujet qui doit
appeler l'attention; mais il ne faut pas sacrifier le
premier plan, à moins qu'il ne soit trop près de

______

([1]) ROBINSON, *La Photographie en plein air. Comment le
photographe devient un artiste.* 2 volumes grand in-8. Paris,
Gauthier-Villars; 1886.

l'opérateur et qu'on ne puisse pas l'éviter; dans ce cas, on met au point sur des motifs un peu plus éloignés. Quant aux lointains, c'est au moyen de petits diaphragmes qu'on les obtient relativement nets, car ils doivent être toujours un peu vagues, tels que l'œil les perçoit; mais il ne faut pas oublier que les petits diaphragmes donnent de la finesse au détriment de la profondeur et du relief de l'image et augmentent toujours le temps de pose.

La pose sera, bien entendu, en rapport avec le motif choisi, prolongée le plus possible s'il n'y a pas ou s'il y a très peu de ciel, ramenée au contraire à sa plus juste limite si le ciel ou les blancs tiennent une certaine place dans le tableau. Il est difficile de préciser le temps de pose pour le paysage, car il est une foule de circonstances qui en modifient la durée. Comme indication générale, on pourra, avec l'objectif indiqué à la liste de la page 19 et des glaces Monckhoven, dont la rapidité n'est pas excessive, mais très suffisante, poser de cinq à dix secondes environ avec petit diaphragme, selon le sujet et l'éclairage. Avec des plaques Beernaërt, beaucoup plus rapides, il faut compter trois fois moins de temps : si, par exemple, une pose de six secondes était suffisante avec les Monckhoven, il suffirait de poser deux secondes avec les autres; mais cette donnée n'est évidemment qu'approximative, puisqu'elle dépend de l'objectif et des produits employés, et c'est surtout l'expérience qui fixera sur ce point.

L'intensité du cliché devra être plus grande que pour le portrait; ici, il faut du relief, des oppositions : en conséquence, ne pas craindre de développer à fond et vigoureusement, en évitant autant que possible l'empâtement des blancs. Il résultera de ce mode d'opérer que les ciels, notamment, ne viendront jamais avec leur valeur relative; le cliché, dans cette partie, sera infailliblement trop opaque pour que les nuages, s'il y en a, puissent être rendus, et l'épreuve positive donnera un ciel complètement blanc, ce qui est un contresens puisque le ciel est bleu. Il faudra donc tourner la difficulté et faire un second cliché, mais avec une pose très courte, de manière à n'obtenir que le ciel au développement. Ce procédé est peu pratique, parce que le ciel est rarement très pittoresque au moment où l'on opère. Il est préférable de choisir spécialement de beaux nuages, que l'on photographiera sans se déplacer. On pourra ainsi avoir en réserve une collection de clichés de nuages dont l'application sera des plus faciles; nous reviendrons sur ce point au Chapitre du tirage des épreuves sur papier. Quant aux lointains, pour les obtenir avec toute leur valeur, on se trouvera bien d'incliner la cuvette pendant le développement, de façon que cette partie reçoive très peu l'action du bain de développement.

Vues instantanées.

Ce qui précède s'applique seulement aux motifs qui ne comportent pas de sujets en mouvement. Quant aux vues animées, il faut employer des procédés et des appareils au moyen desquels on puisse réduire au minimum la durée de la pose, et c'est ainsi que l'on est arrivé à l'*instantanéité*.

L'instantanéité, et par là nous désignerons toute pose assez rapide pour nécessiter l'emploi d'un obturateur, constitue, pour le commençant, un des principaux attraits de la Photographie. Mais, si l'on veut bien y réfléchir, on conviendra que les difficultés sont plus nombreuses qu'on ne se l'imagine et que, bien souvent, on sera dans l'impossibilité complète de saisir tel sujet, telle scène, telle attitude qui vous tente. En effet, le temps de monter son appareil, de mettre au point, de faire fonctionner le châssis, le motif a disparu.

On peut classer les instantanéités en deux catégories. Dans la première, l'opérateur muni d'un instrument léger, portatif, vise pour ainsi dire et saisit au passage la scène qui le frappe. Nous avons, dans cet ordre d'idées, la jumelle, le revolver, le fusil, j'allais oublier le chapeau, le livre et même l'accordéon photographiques! Ces épreuves sont forcément très petites, mais d'un précieux secours pour le peintre, qui possède ainsi le document qui l'intéresse. Il existe, il est vrai, d'autres appareils un peu moins réduits, tels que les chambres détectives, au moyen desquels on obtient des clichés de plus grandes dimensions. A tous ces instruments je préfère la petite chambre 9×12, indiquée au commencement de cet Ouvrage. Tenue à la main, et dissimulée de préférence dans une boîte ou une enveloppe quelconque, elle offre cet avantage qu'elle permet la mise au point et peut servir, par conséquent, pour les clichés posés, indépendamment des vues instantanées.

Dans la deuxième catégorie, l'opérateur place son appareil dans un endroit déterminé et il attend patiemment que le motif à photographier se produise : la vague qui déferle, le train qui passe, le cheval qui galope, la foule qui s'agite. Ici, les épreuves sont de plus grandes dimensions, selon l'appareil employé. La mise au point se fait sur des objets fixes, et il suffit de déclencher l'obturateur au moment convenable, que l'on apprécie fort bien au moyen d'un petit viseur adapté à la chambre noire.

On voit, par ce qui précède, qu'on peut produire d'intéressants clichés, à la condition toutefois de ne pas rechercher une finesse extrême sur les bords de la plaque; il faut, en effet, n'opérer qu'avec de moyens diaphragmes et, par conséquent, n'utiliser qu'une partie des ressources de l'objectif. D'ailleurs, tous les objectifs ne donnent pas, lorsqu'il s'agit de vues instantanées, les résultats qu'on pourrait en attendre; les meilleurs instruments pour ce genre de photographie paraissent être l'antiplanat de Steinheil et le *rapid symetrical* de Ross. Ils devront couvrir à toute ouverture la grandeur de plaque adoptée.

L'obturateur, quel que soit son système, devra ouvrir et fermer l'objectif sans ébranler l'appareil, tout en donnant des poses aussi réduites que possible. La meilleure solution du problème est le déclenchement pneumatique; mais il faut que la main qui manœuvre l'instrument ne soit pas trop nerveuse, toute la difficulté étant, cela se conçoit, de saisir le moment précis où l'effet à photographier se produit. Enfin on aura soin de n'opérer qu'avec un vif éclairage, au soleil même, et d'employer les plaques reconnues les plus rapides.

Le développement des vues instantanées diffère un peu du développement ordinaire; il s'agit, en effet, toujours de plaques insuffisamment exposées et la difficulté consiste à faire venir les détails sans amener de voile. Bien des formules ont été proposées à ce sujet; chacun a, pour ainsi dire, la sienne. J'ai employé pour mon compte, et je m'en suis bien trouvé, le mode d'opérer indiqué par M. Agle dans son ouvrage sur la Photographie instantanée. Je l'indique sommairement, tout en renvoyant mes lecteurs à l'ouvrage en question, qui les intéressera à plus d'un point de vue ([1]).

On prépare les deux solutions suivantes :

A. Eau de pluie........................ 50^{cc}
   Sulfite de soude................... 10^{gr}
   Acide pyrogallique................. 3,50
   Acide sulfurique................... Une goutte

B. Eau de pluie........................ 100^{cc}
   Carbonate de potasse (ou de
   soude)............................. 10^{gr}

Pour développer une plaque 9×12, on prend :

Eau de pluie........................ 85^{cc}
Solution A.......................... 5

La glace est immergée quelques instants dans ce bain, puis on reverse le contenu de la cuvette, sans retirer la glace, dans la mesure graduée et l'on y ajoute environ 4^{cc} de la solution B; on mélange bien et l'on reverse sur la plaque. L'image ne tarde pas à apparaître; alors on ajoute peu à peu quelques centimètres cubes de la solution B. C'est uniquement par l'addition successive de cette solution que le cliché monte et gagne en intensité. Tout le procédé consiste donc à ne pas brusquer le développement et à s'armer de patience, certaines plaques très fortement sous-exposées demandant souvent vingt minutes pour arriver à l'intensité

([1]) Agle, *Manuel de Photographie instantanée.* In-18 jésus. Paris, Gauthier-Villars; 1887.

voulue. Il ne faut pas laver avant l'hyposulfite et avoir toujours sous la main un bain d'alun à 5 pour 100 en cas de soulèvement de la gélatine; quelques minutes d'immersion arrêtent, en général, ce soulèvement et l'on continue ensuite le développement. Ainsi traités, les clichés sont à peine jaunes, et, dans tous les cas, cette coloration est très avantageuse pour le tirage. Il faut une nouvelle solution pour chaque cliché; mais on peut mettre plusieurs clichés dans la même cuvette, la lenteur du procédé permettant de les surveiller facilement.

L'hydroquinone est aussi un excellent mode de développement pour les clichés instantanés. Bien que les résultats ne soient peut-être pas supérieurs à ceux qu'on obtient avec l'acide pyrogallique, il est incontestable que la facilité d'emploi du nouveau produit le recommande particulièrement aux amateurs, à ceux surtout qui manquent de patience. En effet, il suffit d'une seule solution avec laquelle on peut développer toute une série de clichés; le voile ne se produit pour ainsi dire jamais si l'on opère avec les précautions voulues; enfin, pour le voyage, c'est, à mon avis, le seul mode de développement à employer, soit qu'on emporte des solutions concentrées, soit que l'on ait en réserve des doses toutes préparées. Nous avons déjà vu les modifications à apporter à la formule que j'ai indiquée, selon les conditions de la lumière. Répé-

tons encore qu'un cliché gris et sans vigueur est,
en général, l'indice d'une pose exagérée ou d'une
solution trop concentrée. Dans ce dernier cas,
étendre, selon l'effet produit, la solution de 3o,
4o, 5o, 6o pour 100 même de bain vieux, ou
de bain neuf atténué par l'acide acétique.

Monuments.

Sous ce titre, nous comprendrons toutes les
constructions en général, qu'elles soient anciennes
ou modernes, et en tant qu'elles feront l'objet d'une
étude spéciale; car, si elles figuraient concurrem-
ment avec un paysage, elles ne seraient ici qu'un
accessoire, et l'on pourrait, dans une certaine
mesure, en sacrifier les détails à l'ensemble du
tableau.

Les monuments anciens et qui ont, avec le
temps, reçu la rude empreinte des saisons, offrent
le plus souvent une teinte grise et sombre qui en
rend la reproduction assez difficile. Le soleil, s'il
les éclaire, accuse encore leurs saillies, tout en
exagérant leurs ombres; la lumière diffuse, au
contraire, est insuffisante. Si l'édifice présente des
parties en relief intéressantes, sculptures, inscrip-
tions, etc., il faudra, par un emploi judicieux du
soleil et de la lumière diffuse, tâcher d'obtenir un
cliché suffisamment vigoureux, mais sans excès,
en même temps qu'éviter la platitude du sujet. La

direction du soleil sera pour beaucoup dans ce résultat; car, s'il frappe soit de gauche soit de droite, les ombres seront allongées, quoique vigoureuses, et les reliefs s'enlèveront avec harmonie. La conclusion s'indique d'elle-même, c'est-à-dire qu'il faudra, si le ciel s'y prête bien entendu, fractionner la pose, de manière à utiliser l'action du soleil et de la lumière diffuse, en augmentant la proportion de cette dernière selon le degré de blancheur de l'édifice à photographier. A défaut de cette combinaison, en somme peu pratique avec des plaques rapides, le meilleur éclairage sera celui qui est produit par un ciel parsemé de nuages blancs, sauf cependant pour une vue d'ensemble, qui gagnera à être vivement éclairée par le soleil. Si l'objet était absolument blanc et qu'il se trouvât environné de masses de verdure, il faudrait naturellement sacrifier ces dernières. On pourrait toutefois obtenir de meilleurs résultats en faisant usage d'un verre de couleur vert clair, lequel, appliqué devant l'objectif pendant la pose, ramènera la blancheur exagérée à une teinte moins photogénique, et atténuera le contraste dans une certaine mesure. Dans ce cas, la pose sera plus longue, cela va sans dire, mais le cliché gagnera un peu en harmonie. Ce genre d'écran se trouve dans le commerce sous le nom de *verre compensateur*.

Une seconde difficulté de la reproduction des monuments provient de ce qu'il est parfois impos-

sible de se placer à une distance suffisante. L'a-
planétique, excellent en général, parce qu'il conserve la rectitude des lignes, exige un recul assez
considérable. Aussi, dans le cas où son emploi ne
sera pas possible, le grand angulaire s'indique de
lui-même : c'est le seul moyen d'obtenir une vue
d'ensemble parfaite. Notons en passant qu'avec
cet instrument, qui ne fonctionne qu'armé de très
petits diaphragmes, environ le $\frac{1}{30}$ du foyer, il y
aura lieu de prolonger un peu le temps de pose.
En outre, il faudra placer l'appareil à une hauteur
qui ne devra jamais être inférieure au tiers de celle
de l'édifice, à moins d'en être assez éloigné ; autrement, on aurait des déformations et un manque
d'aplomb regrettables. La planchette de l'objectif
pouvant s'élever et s'abaisser rendra ici des services, car il faut éviter d'incliner la chambre noire ;
si l'on ne pouvait faire autrement, on ramènerait
la glace dans le sens vertical à l'aide de la bascule.
Quant aux moyens de se placer à la hauteur convenable, ils dépendront, cela va sans dire, des circonstances, de l'état des lieux, etc.

La vue d'un appareil photographique a aussi le
don de faire accourir une foule de curieux, de
gamins dont la présence et les mouvements constituent pour l'opérateur un grand embarras. On
peut essayer de placer ces modèles intempestifs en
dehors du champ que l'objectif embrasse, tout en
leur laissant croire qu'ils figureront sur le cliché,

ou bien, si ce moyen ne réussit pas, ou ne réussit qu'à moitié, on fera ostensiblement le simulacre de la pose, sans démasquer bien entendu la plaque sensible. Le public s'empresse de revenir près du photographe ; c'est alors qu'on tire le volet du châssis et qu'on enlève prestement le bouchon de l'objectif. Avec des plaques rapides, ce procédé réussit presque toujours.

Quelquefois l'amateur pourra avoir à photographier des motifs absolument sombres, comme des intérieurs, des souterrains, etc. Il faudra, dans ce cas, recourir à la lumière artificielle, magnésium, feux de Bengale, ou autre éclairage quelconque ; mais on aura soin, pendant la pose, de déplacer la source lumineuse, de façon à éviter de trop grands contrastes. On peut aussi employer la poudre-éclair, qui n'est autre chose que du magnésium en poudre, ou bien encore un mélange (assez dangereux à préparer) de magnésium, de chlorate de potasse et de sulfure d'antimoine, dont la déflagration produit une vive lumière qui permet de faire des portraits même la nuit.

Les clichés, développés de préférence au fer, devront n'avoir qu'une vigueur modérée, surtout si l'on tient aux détails ; on surveillera également la mise au point et l'on n'emploiera pas de trop petits diaphragmes, à moins qu'il n'y ait plusieurs plans différents.

8.

Reproductions.

Ce qui précède s'applique plus spécialement au travail au dehors ; il y a d'autres genres de photographies qui pourront solliciter l'amateur et qui se feront le plus souvent à la maison, ainsi les reproductions en général.

Qu'il s'agisse de reproduire une gravure, une photographie, un manuscrit, la disposition de l'appareil sera, dans tous les cas, la même, c'est-à-dire qu'il faudra établir un parallélisme absolu entre le sujet et la glace dépolie. Le pied à trois branches est d'un emploi difficile, et le mieux sera d'organiser une sorte de table assez longue pour pouvoir porter l'appareil et le chevalet sur lequel on fixera l'objet à photographier.

Si c'est une gravure qu'il s'agit de reproduire, et qu'elle soit sous verre, il est préférable de retirer le verre ; de même pour une photographie.

Les manuscrits sur parchemin offrent souvent des plis et autres irrégularités ; on pourra les faire disparaître en mettant le sujet dans un grand châssis à glace forte. Les barrettes placées au dos de ce châssis seront garnies d'un certain nombre de vis en bois qui permettront de presser chaque partie du manuscrit, en interposant, bien entendu, un matelas de papier, comme pour le tirage des épreuves positives. Si le parchemin est accompagné de sceaux, comme il arrive souvent, et qu'on ne puisse les mettre hors du châssis, il faudra que la glace de celui-ci soit percée pour leur donner passage. Enfin la lumière devra venir tout à fait de face; on pourra même opérer en plein soleil, et l'appareil devra être enveloppé d'une étoffe noire qui ne laissera voir que la lentille de l'objectif, pour éviter que la monture ne se reflète dans la glace du châssis.

On posera peu pour les gravures et les photographies, davantage pour les manuscrits un peu jaunis. Le développement, dans tous les cas, devra être assez énergique pour donner des noirs et des blancs vifs; il faudra, en conséquence, ajouter une notable proportion de bromure. Ici le développement alcalin pourra rendre des services, car il faut surtout des contrastes et des oppositions.

La Photographie peut enfin s'appliquer à la reproduction des tableaux, des tapisseries, des objets d'art; je me bornerai à renvoyer mes lecteurs à une fort intéressante brochure, où l'amateur puisera des renseignements plus complets sur tout ce qui se rapporte à l'archéologie, et que mon devoir était d'indiquer en passant ([1]).

Citons aussi un moyen ingénieux, indiqué par le *Photographic Times and american photographer*, d'arriver à photographier les vases en métal

---

([1]) T\ruTAT (E.), *La Photographie appliquée à l'Archéologie*. In-18 jésus, avec cinq photolithographies. Paris, Gauthier-Villars; 1879.

poli, dont les reflets violents nuisent à la beauté de l'épreuve. Il faut les remplir de glace ou d'un mélange réfrigérant. La buée qui se forme à leur surface en atténue l'éclat et permet d'obtenir une photographie complète.

Je ne saurais terminer ce Chapitre sans mentionner pour mémoire les plaques dites *isochromatiques*, qui seront précieuses pour reproduire les couleurs avec leur valeur relative, et qui doivent cette propriété à l'*éosine* qui entre dans leur préparation. Ces plaques, en général un peu lentes, ce qui importe peu, étant donné le genre de travaux auquel elles sont destinées, exigent pour leur manipulation un surcroît de précautions dans l'éclairage du laboratoire. La lumière rouge très foncé seule permet d'obtenir des clichés sans voile.

Dans cet ordre d'idées, mes lecteurs me sauront gré de leur indiquer l'ouvrage du Dr Vogel, si clairement traduit de l'allemand par M. Henry Gauthier-Villars, et qui contient précisément l'étude des procédés propres à obtenir l'image des objets avec la valeur relative de leurs couleurs ; ils y trouveront notamment le moyen de rendre isochromatiques les glaces ordinaires au gélatinobromure et diverses indications intéressantes sur ce sujet ([1]).

([1]) Vogel, *La Photographie des objets colorés avec leurs valeurs réelles*. Traduit de l'allemand par Henry Gauthier-Villars. In-8, avec 2 planches. Paris, Gauthier-Villars ; 1887.

CHAPITRE V.

Il ne suffit pas d'avoir produit un cliché plus ou moins parfait, riche de détails, et de l'intensité voulue pour donner des épreuves positives passables : il faut encore en corriger les parties qui pourraient nuire à la perfection de l'œuvre finale. Dans le portrait, par exemple, certains défauts de la peau, des rides trop accusées; dans le paysage, un ciel trop gris, une branche d'arbre d'un effet fâcheux, etc., nécessiteront de la part de l'opérateur une retouche qui, si elle est habilement pratiquée, doublera la valeur du cliché.

Pupitre à retoucher. — A la liste des appareils figure un pupitre à retoucher. Le moment est venu d'en donner la description et d'en indiquer l'emploi. Ce petit meuble se compose d'un cadre qui renferme une glace étamée pouvant prendre différentes inclinaisons. Sur ce cadre est fixé, au moyen de charnières, un châssis à verre dépoli, destiné à recevoir le cliché à retoucher. Enfin ce châssis supporte lui-même un volet de bois qui sert d'abat-jour. L'appareil replié a la forme d'une boîte carrée; ouvert, il prend celle d'un Z. On le place en face d'une fenêtre, en évitant le soleil, de telle sorte que la lumière réfléchie par le miroir frappe l'envers du cliché; le retoucheur, préservé du grand jour par le volet de bois, et de plus par un voile qui l'enveloppe, ne reçoit la lumière qu'au travers du cliché. Dans ces conditions, l'image apparaissant avec tous ses détails, il devient très commode d'apprécier quels en sont les points défectueux susceptibles d'être améliorés. Il sera utile de tirer une première épreuve d'essai, qui fixera mieux l'amateur sur la valeur de son cliché. On pourra se dispenser de virer cette épreuve.

Crayons. — Pour effectuer la retouche, on emploie des crayons à mine exempte de grains, tels qu'en fournit notamment le graphite de la mine Alibert; les numéros 1, 2, 3 et 4 répondent à tous les besoins. Le cliché est placé sur le pupitre, et, à l'aide du crayon finement taillé, on corrige ses défauts en procédant par petites hachures ou par un léger frottis; c'est donc une sorte de renforçage partiel. Il n'est pas indispensable de vernir le cliché : le crayon prend quelquefois mieux sur la gélatine elle-même; mais le vernis offre l'avantage de présenter une surface plus résistante, et l'on risque moins d'abîmer le cliché.

Retouche du portrait. — La retouche du por-

trait est chose fort délicate : il ne faut pas en abu-
ser ; on doit éviter surtout d'effacer complètement
les rides et autres défauts naturels ; autrement, on
ferait bientôt disparaître toute ressemblance. Ce
qu'il faut conserver, c'est le caractère de chaque
physionomie ; ne pas traiter, par exemple, un portrait d'homme aux traits accentués de la même
façon qu'un portrait de femme ou d'enfant. On
doit seulement chercher une atténuation générale
des ombres portées, que la Photographie exagère
presque toujours, et ne supprimer complètement
que les petits défauts de la peau, comme les taches
de rousseur, etc. En cherchant à adoucir, à arron-
dir par trop un portrait, on ne tarde pas à altérer
la ressemblance, et si, parfois, les épreuves qui
résultent d'un tel cliché flattent la personne qu'elles
rajeunissent ou idéalisent, elles perdent, en revanche, tout caractère artistique. Néanmoins la
retouche doit, dans une certaine mesure, s'allier
à la galanterie ; il est donc permis d'amincir telle
taille un peu forte, de modifier telle ligne disgra-
cieuse, et je suis sûr que personne ne protestera
contre cette petite supercherie. Toutes ces opérations nécessitent une grande légèreté de main,
un certain goût, une excellente vue et une patience
qui feront souvent que l'amateur préférera confier
ses clichés aux soins d'un retoucheur de profession.
Je n'oserai pas lui en faire un reproche, bien qu'il
puisse arriver ainsi que la ressemblance d'un por-

trait soit gravement compromise. Quant aux paysages, je lui conseillerai de ne confier qu'à lui-même le soin de les améliorer, d'abord parce qu'il y aura peu de chose à faire, et qu'ensuite il sera le meilleur, pour ne pas dire le seul juge des modifications à y apporter.

Ciels artificiels. Procédés divers. — Le ciel est, en effet, le plus souvent, le seul point défectueux; si l'on veut lui substituer un effet de nuages et qu'il soit trop transparent pour qu'au tirage le papier ne reste pas blanc dans cette partie, on le masquera complètement à l'aide d'un papier noir, après avoir finement rechampi les contours du paysage au moyen de couleur ou de vernis noir appliqué au pinceau. En cet état, le cliché sera prêt pour recevoir la double impression dont il sera parlé à propos du tirage des épreuves sur papier. Quant aux éraillures laissant le verre à nu, on les bouchera avec un peu d'encre de Chine; enfin, s'il y avait quelque partie du cliché dont l'intensité ne fût pas en rapport avec le reste, on pourrait appliquer à l'*envers* de la plaque une couche de vernis mat ou coloré sur ces parties, cela suffira pour retarder un peu l'impression. Ce vernis s'étend à froid. Il existe d'ailleurs, sur la retouche, différents manuels qui traitent toutes ces questions d'une façon plus étendue (¹).

____

(¹) Piquepé (P.), *Traité pratique de la retouche photogra-*

Conservation des clichés. — Les clichés, une fois terminés et retouchés, doivent être soigneusement mis de côté : ce sont les archives du photographe. On devra marquer sur chacun d'eux un numéro d'ordre qui correspondra à un registre spécial où l'on trouvera à l'occasion toutes les indications concernant chaque sujet : temps de pose, éclairage, etc. L'emploi de l'élégant petit *Carnet du photographe amateur* par Charles Jacob se trouve tout indiqué ici ; mes lecteurs me sauront gré de le leur recommander.

La meilleure manière de conserver les clichés est de les mettre dans des boîtes à rainures ; mais ce procédé peut devenir assez coûteux, si le nombre des glaces à conserver s'accroît beaucoup, et, de plus, il faut disposer d'un emplacement qui fait souvent défaut. Il sera plus simple d'utiliser les boîtes de plaques vides et d'y mettre les clichés dos à dos, en interposant une feuille de papier buvard entre chaque verre. Sur le couvercle on marquera la série de numéros correspondants.

---

phique. In-18 jésus, avec deux photoglypties. Paris, Gauthier-Villars ; 1881.

9

CHAPITRE VI.

ÉPREUVES POSITIVES.

Nous avons vu, dans les Chapitres qui précèdent, la manière d'obtenir des négatifs ; nous avons passé en revue les différentes natures de clichés ; mais tout cela n'avait d'autre but que de préparer le résultat final, c'est-à-dire la production des épreuves positives, qui présenteront à l'œil l'aspect de l'objet photographié avec d'autant plus de vérité qu'on aura suivi de plus près nos indications et mieux approprié chaque cliché à la nature du sujet. Quelque plaisir et quelque attrait que l'opérateur puisse trouver à admirer un négatif, il ne doit pas borner ses efforts à cette production, et, bien que le tirage sur papier n'offre pas tout le charme des opérations déjà décrites, il y trouvera certainement quelque satisfaction ; ce sera enfin le seul moyen de faire apprécier par autrui le résultat d'une intéressante distraction.

Beaucoup de personnes confient à des maisons spéciales le tirage de leurs clichés ; je comprends cette idée, si l'on ne dispose que de très peu de temps; mais, autrement, je conseillerai toujours à l'amateur de s'occuper lui-même de ce travail; il y trouvera le double avantage de produire des épreuves à son goût et de réaliser une notable économie. De plus, il saura mieux qu'un autre tirer tout le parti possible de clichés parfois défectueux, et pourra, dans bien des cas, utiliser des négatifs qui, en d'autres mains, ne donneraient que de maigres résultats.

En dehors des procédés photomécaniques qui ne sont guère à la portée de l'amateur, deux systèmes principaux sont actuellement en usage pour le tirage des épreuves sur papier : l'un, le plus ancien, et le plus répandu en raison même de cette ancienneté, est basé sur la propriété du chlorure d'argent de s'impressionner à la lumière et de laisser à la surface du papier la trace visible de cette impression; l'autre utilise les sels de platine, dont la décomposition à la lumière est moins apparente, mais tout aussi profonde, et nécessite l'emploi d'un développement. Ces deux systèmes fournissent des épreuves absolument différentes d'aspect, de ton, de couleur; aussi se complètent-ils l'un par l'autre, et leur emploi s'indique naturellement à l'amateur, qui aura ainsi à sa disposition les effets les plus variés. En dehors de ces modes d'opérer, il en existe d'autres assez nombreux, mais que je n'indiquerai que pour mémoire, car leur emploi sera tout à fait accidentel : tels sont le procédé au charbon, celui au nitroglucose, le papier au collodiochlorure d'argent, etc. Je ferai cependant une exception pour le papier au gélatinobromure d'argent qui, par sa rapidité d'impression, permet d'obtenir des épreuves positives à la lumière artificielle et qui, à ce titre, peut rendre des services à l'amateur, alors que les autres procédés ne lui seraient d'aucun secours.

Épreuves sur papier au chlorure d'argent.

Dans le procédé au chlorure d'argent, une feuille de papier salé ou, de préférence, de papier albuminé salé est mise pendant quelques minutes en contact avec une solution de nitrate d'argent, séchée dans l'obscurité, puis placée sous un négatif dans un châssis *ad hoc,* où elle reçoit l'impression de la lumière au travers de ce négatif. L'image redressée et immédiatement visible est ensuite *virée,* c'est-à-dire qu'on en modifie selon son goût la couleur peu agréable, puis *fixée,* comme une épreuve négative, dans un bain d'hyposulfite de soude. On voit que rien n'est plus simple; mais hâtons-nous de dire que cette simplicité n'est qu'apparente et que, en définitive, rien n'est plus malaisé que de produire une série d'épreuves positives parfaites, d'intensité suffisante, riches de tons, et offrant toutes les garanties d'une longue durée. En effet, ces images si fines, si brillantes, que nous admirons quand un opérateur habile les a surveillées, sont toutes sujettes à pâlir ou à s'effacer plus ou moins à la longue, quelque soin qu'on ait apporté à leur confection. Il faut donc absolument prendre toutes les précautions possibles pour retarder cette détérioration, et nous verrons que les lavages constituent un des principaux moyens d'y parvenir. Les épreuves aux sels de platine, s'il faut en croire les auteurs du procédé, seraient exemptes de cet affaiblissement progressif et conserveraient indéfiniment leur aspect riche et vigoureux du premier moment; le temps confirmera, espérons-le, cette assertion.

Papier sensible du commerce. — On trouve dans le commerce du papier tout sensibilisé, lequel peut se conserver assez longtemps, à la condition de le tenir à plat, sous presse, à l'abri de la lumière et de l'humidité. Ce papier est précieux pour le tirage intermittent de l'amateur, et il est susceptible de fournir de fort belles épreuves. Les blancs sont très vifs, quelquefois même un peu crus, et sa manipulation est à peu près identique à celle du papier que l'on prépare soi-même. Celui-ci a l'inconvénient de ne pas se conserver plus d'un jour sans jaunir : aussi doit-on l'employer immédiatement; en revanche, il donne des épreuves plus harmonieuses, vire plus facilement, et, comme, en définitive, sa préparation n'offre rien de compliqué, on fera bien de le préférer au papier tout sensibilisé toutes les fois qu'on voudra obtenir des épreuves de choix. Le papier du commerce trouvera son emploi pour essayer les clichés, ou bien lorsque le temps ou le manque·de lumière empêchera de faire dans la même journée le tirage complet des épreuves.

Choix et conservation du papier albuminé. — Le papier albuminé devra être assez épais : celui qui pèse 10^{kg} la rame est préférable parce qu'il résiste mieux dans les différents bains; on le prendra soit rose, soit mauve, pour avoir des blancs moins crus; enfin on pourra, pour le portrait, employer du papier à deux couches d'albumine, qui donne plus de brillant à l'épreuve; mais alors les *ampoules* sont à craindre : nous en reparlerons plus loin.

Le papier albuminé doit être conservé dans un lieu frais, mais sec. Il faudra, de plus, avoir soin de mettre à la cave, vingt-quatre heures d'avance, les feuilles à employer. Cette précaution est principalement utile avec le papier doublement albuminé, qui acquerra ainsi une souplesse et un certain degré d'humidité propices à la sensibilisation dont nous allons parler.

Quel que soit le papier choisi, voici la manière de le sensibiliser et de l'employer.

Préparation des bains divers. — On préparera d'avance les bains suivants :

    A. Eau distillée................. 1000^{cc}
       Nitrate d'argent fondu *neutre*.. 120^{gr}

Dissoudre et filtrer.

    B. Eau distillée................. 1000^{cc}.
       Acétotungstate de soude....... 20^{gr}
       Chlorure d'or pur 1

Dissoudre l'acétotungstate dans 900^{cc} d'eau, le chlorure d'or dans 100^{cc}, et l'ajouter en dernier lieu à la solution ; inutile de filtrer, mais préparer le bain au moins la veille du jour où on doit l'employer. Nous appellerons cette solution *bain de virage*. Comme il y a avantage à ne préparer qu'une petite quantité de virage à la fois, il sera plus commode de dissoudre le chlorure d'or dans 200^{cc} d'eau distillée et de prendre de cette solution la quantité voulue, 50^{cc}, 100^{cc}, etc. Par exemple, pour faire un demi-litre de virage, on dissoudra 10^{gr} d'acétotungstate dans 400^{cc} d'eau distillée et l'on ajoutera 100^{cc} de la solution d'or.

    C. Eau ordinaire................. 1000^{cc}
       Hyposulfite de soude.......... 120^{gr}

Dissoudre sans filtrer.

Sensibilisation et séchage du papier. — La sensibilisation du papier doit se faire soit avec l'éclairage jaune-orangé, soit même avec l'éclairage artificiel, bougie, bec de gaz de faible intensité, etc. Le bain d'argent filtré est versé dans l'une des grandes cuvettes que l'on réservera pour cet usage ; la dimension de cette cuvette, correspondant à la demi-feuille de papier, abrégera d'autant l'opération, puisque l'on sensibilisera du même coup de quoi imprimer deux épreuves 21×27 ou quatre demi-plaques, etc. Prenant la feuille de papier par ses deux angles opposés en diagonale, on applique sur le liquide la surface albuminée, et l'on abaisse doucement les angles pour que le contact s'établisse sans qu'il s'interpose de bulles d'air, ce dont on s'assure en soulevant de nouveau la feuille ; il est facile de les faire disparaître. Il faudra aussi éviter avec soin que le liquide passe au dos du papier.

Au bout de quatre minutes de contact, on enlève doucement le papier en le prenant par les deux angles du petit côté, de manière à l'égoutter en même temps, puis on le suspend à une corde tendue dans l'atelier, au moyen de pinces américaines, ou plus simplement de petits crochets faciles à fabriquer avec des épingles à cheveux neuves. On place aussitôt à la partie inférieure un petit carré de papier Joseph, qui absorbera l'excès de nitrate d'argent ; puis on procède à la sensibilisation d'une seconde feuille dans les mêmes conditions, et ainsi de suite, suivant l'importance du tirage.

Les papiers brillants, notamment ceux à deux couches d'albumine, repoussent quelquefois le bain d'argent; des gouttelettes se forment à la surface du papier et produisent plus tard des taches au tirage. On les évite en épongeant la feuille aussitôt sensibilisée entre deux feuilles de papier buvard blanc, puis on la suspend comme nous venons de le dire. Si l'on n'a que des clichés 21 × 27 à imprimer, je conseillerai de ne pas préparer plus de six demi-feuilles; les douze épreuves qui en résulteront seront suffisantes pour occuper une grande partie de la journée, pourvu qu'on dispose de plusieurs châssis, et les lavages deviendraient moins efficaces avec une plus grande quantité de papier.

La dessiccation du papier doit se faire à l'abri de toute lumière et ne pas dépasser une heure ou une heure et demie, sous peine de le voir jaunir. L'été, cette condition est assez facile à réaliser; mais l'hiver, ou par les temps trop humides, il faudra recourir à la chaleur artificielle; une simple chaufferette placée au-dessous, mais à une certaine distance des feuilles préparées, suffira. Néanmoins, les papiers fortement albuminés demandent un séchage un peu moins rapide. Ici apparaît encore l'avantage du papier tout sensibilisé. Quoi qu'il en soit, on pourra, sans inconvénient, préparer son papier le soir pour l'employer le lendemain dès l'aube, si toutefois le temps ne s'est pas modifié dans la nuit, comme j'en ai fait maintes fois la fâcheuse expérience. Dans ce cas, cependant, tout ne sera pas perdu si l'on dispose d'un abri vitré, d'une véranda, ou même d'une simple fenêtre qui permette d'exposer les châssis à la lumière, tout en les préservant de la pluie.

Une fois la sensibilisation du papier terminée, on aura soin de reverser le bain d'argent dans son flacon et de bien laver la cuvette. Si le bain venait à se colorer, il suffirait d'y ajouter une petite quantité de kaolin : la solution bien agitée redevient peu à peu incolore ; on peut du reste laisser le kaolin au fond du flacon ; mais je me hâte de dire qu'avec de bon papier cet accident se produira fort rarement.

Comme le bain s'appauvrit par l'usage, on en vérifiera de temps en temps le titre au moyen du pèse-nitrate, de manière à le tenir toujours à 12 pour 100

Tirage des épreuves. — Quand on voudra procéder au tirage, on aura soin que le papier soit absolument sec, surtout si les clichés à la gélatine ne sont pas vernis ; puis on ouvrira les barrettes du châssis-presse, dont on nettoiera parfaitement la glace forte. Après avoir également nettoyé l'envers du cliché et l'avoir placé sur cette glace, de manière que la couche de gélatine ou de collodion soit en dessus, on applique sur cette couche le côté sensible du papier, on ajoute un matelas de papier buvard, puis la planchette articulée, et l'on ferme

les barrettes à ressorts. Il existe d'autres modèles
de châssis-presses qui s'emploient sans glace forte,
le cliché en tient lieu. Parmi ces derniers, je signa-
lerai particulièrement celui qu'on n'a pas besoin
de retourner pour le charger et qui permet d'examiner la venue de l'image sur la presque totalité
du papier. Pour les petites dimensions, ces châssis
peuvent être employés avec avantage; mais pour
les dimensions supérieures au 18×24 je n'oserais
en conseiller l'emploi : certains clichés minces
pourraient se rompre sous la pression des ressorts
et, de plus, le contact n'est pas aussi parfait
qu'avec les châssis ordinaires.

Pour charger les châssis, de même que pour
apprécier la venue de l'image, on doit opérer, bien
entendu, dans un demi-jour, afin de ne pas altérer
les blancs de l'épreuve. Tous les châssis étant
donc préparés, on les soumet à l'action de la lumière, en évitant autant que possible les rayons du
soleil; l'image sera en effet plus harmonieuse si
elle est produite par la lumière diffuse et il n'y a
guère que les clichés durs et heurtés qui puissent
gagner à être exposés directement au soleil. Certains négatifs trop transparents auront même
besoin d'être préservés de la lumière diffuse; une
simple feuille de papier dioptrique appliquée sur
le châssis suffira, ou bien encore on recouvrira
l'*envers* du cliché d'une couche de vernis mat.
L'amateur aura, du reste, recours à tous les moyens

que lui suggérera son ingéniosité pour atténuer telle ou telle partie et utiliser le mieux possible ses clichés.

Le tirage est d'autant plus rapide que la lumière est plus actinique ; souvent, par un temps très pur, les clichés s'impriment moins vite que par un temps orageux, avec ciel parsemé de nuages blancs. L'été, naturellement, on peut utiliser la presque totalité de la journée, tandis que, dès qu'arrive le mois d'octobre, il ne faut pas compter, passé trois heures, sur un effet utile de la lumière, du moins pour nos climats, Paris notamment. Nous admettons, bien entendu, que le brouillard ne vienne pas, comme cela arrive si souvent, se mettre de la partie.

Portraits. — Les portraits seront toujours tirés à l'ombre ; ils auront ainsi plus de douceur et plus de modelé. Pour produire les médaillons, on emploie des *caches* en papier noir découpé, ovales, coins ronds, etc. L'entourage est d'abord fixé avec un peu de gomme sur la couche même de gélatine, de manière que le buste seul vienne au tirage ; quand tous les portraits sont imprimés avec un tour blanc, on prend la contre-partie de la cache et on l'applique sur l'image, de manière à teinter à son tour, mais très légèrement, la partie que l'on avait réservée d'abord. On peut agrémenter cet entourage de dessins variés donnés par des clichés spéciaux ; c'est ainsi que l'on imite les papiers gaufrés, le marbre, etc.

Les portraits à fond dégradé s'obtiennent au moyen de verres particuliers appelés *dégradateurs;* ces verres s'appliquent sur le châssis pendant l'impression, et la lumière, ne traversant que la partie qu'ils ne recouvrent pas, laisse autour du portrait une teinte régulièrement dégradée, à la condition d'opérer à l'ombre et de changer très souvent l'orientation du dispositif. On remplace économiquement ces dégradateurs par une feuille de plomb de la grandeur du châssis, percée d'une ouverture convenable dont on relève les bords. A l'inverse, on peut obtenir des portraits sur un fond complètement noir d'un effet particulier. Pour cela, on se servira d'un contre-dégradateur, qui, à son tour, préservant l'image déjà produite, laissera le fond s'imprimer. Il est plus commode d'opérer de la façon suivante : on dispose dans la chambre noire même un écran ou carton noir percé d'une ouverture ovale convenable. Cet écran, placé parallèlement à la glace sensible, mais à un ou deux centimètres en avant, empêchera la glace de s'impressionner tout autour du portrait; par conséquent, le cliché viendra au développement tout à fait transparent dans ces parties. Il va sans dire qu'il faut employer un fond de nuance très sombre.

Nuages artificiels, effets d'eau, clair de lune. — Dans le paysage, le ciel qui aura été modifié suivant les indications contenues au Chapitre de

la retouche viendra complètement blanc au tirage. Pour produire l'effet de nuages approprié
au sujet, on commencera par retirer le cliché
du châssis; puis on préservera sur le papier le
paysage proprement dit, terrain, arbres, etc., au
moyen d'une silhouette en papier noir. Appliquant alors sur la partie laissée en blanc le cliché
de nuages qu'on aura adopté, on reportera le tout
à la lumière, où l'impression s'opérera rapidement. Il y a avantage à faire ce cliché lui-même en
papier; il sera ainsi d'un emploi plus commode,
parce qu'on pourra le découper pour l'adapter plus
intimement au paysage, dont la ligne d'horizon est
souvent fort irrégulière. A cet effet, on tirera des
négatifs spéciaux de nuages une première épreuve
positive très vigoureuse, laquelle, une fois fixée,
servira à son tour de cliché pour donner une
épreuve *négative*. Cette épreuve, que l'on aura
soin de tirer à l'envers du papier pour qu'elle soit
bien dans la pâte et non à sa surface, servira pour
imprimer finalement l'effet de nuages. On pourra
même rendre cette épreuve-cliché plus transparente en l'immergeant dans un bain de paraffine chauffée au bain-marie. Il suffira d'enlever
l'excès de paraffine avec un fer chaud passé sur
l'épreuve placée entre deux feuilles de papier buvard (¹).

____

(¹) Voir *Bulletin de la Société française de Photographie,*
1884, p. 106 et 219.

Un moyen plus simple d'obtenir des ciels très vaporeux consiste à les teinter graduellement au moyen d'une planchette ou d'un carton que l'on promène lentement et régulièrement de haut en bas sur cette partie. L'épreuve imprimée est remise au châssis sans son cliché, le paysage soigneusement recouvert comme tout à l'heure, et il résulte de ce procédé une teinte qui, à peine visible près de l'horizon, va en augmentant vers le haut du ciel et rehausse l'harmonie générale du tableau.

En passant, disons un mot du papier sensible coloré en bleu verdâtre avec lequel on réussit de fort jolis effets d'eau, de clair de lune, etc. Il s'emploie comme le papier ordinaire, mais les épreuves ont le défaut de pâlir assez vite.

Pour surveiller la venue des épreuves sur papier, on entr'ouvre l'un des côtés de la planchette à charnières du châssis ; cette opération, comme je l'ai déjà dit, doit se faire dans le demi-jour et être assez rapide pour ne pas affecter la fraîcheur des blancs. Quant au degré de vigueur que doit avoir l'image pour la retirer du châssis, il est difficile de préciser ; mais cette vigueur doit être assez grande en raison de l'affaiblissement qu'elle est appelée à subir dans les bains successifs dont nous parlerons tout à l'heure. L'expérience en apprendra, sur ce sujet, plus qu'une longue dissertation ; disons seulement que, lorsque les grands blancs commencent à se teinter, c'est un indice que l'impression est suffisante. Nous conseillerons d'ailleurs de produire de préférence des images un peu accentuées, que le temps atténuera toujours assez.

Virage. — A mesure que les épreuves sont imprimées, on les enferme dans une caisse ou un carton quelconque, et, lorsque tout le papier est employé, on dispose l'atelier pour l'opération du virage. La lumière jaune est alors remplacée par une faible lumière blanche, qui permet de se rendre mieux compte de la nuance de l'épreuve.

Pour cette raison, nous préférons opérer le jour, car il est difficile, à la lumière, de bien apprécier le ton des épreuves.

La cuvette qui a servi à argenter le papier est remplie d'eau à laquelle on ajoute 4 à 5^{gr} de bicarbonate de soude, si l'on emploie le papier tout sensibilisé du commerce. Les épreuves sont alors plongées une à une dans le liquide et soigneusement agitées, de façon à les débarrasser du chlorure d'argent non impressionné par la lumière. Avec le papier tout sensibilisé, il est nécessaire de renouveler l'eau deux ou trois fois, jusqu'à ce qu'elle ne soit plus laiteuse, tandis que, pour le papier que l'on aura préparé soi-même, ce lavage peut être beaucoup simplifié; il semble même que les épreuves virent mieux quand elles contiennent encore du nitrate d'argent.

Dans une seconde cuvette moins grande, on verse une certaine quantité du bain de virage préparé au moins la veille; car, neuf, son action serait trop énergique et il rongerait les épreuves. Ces dernières sont immergées l'une après l'autre dans la solution, que l'on agite constamment. Le ton rouge brique de l'image ne tarde pas à se modifier pour arriver graduellement à une belle teinte brun pourpre. A ce moment, on plonge le papier dans une troisième cuvette remplie d'eau, et l'on continue de la même manière pour les autres épreuves.

Il faut éviter de pousser trop loin l'action du virage, car le ton général de l'image deviendrait froid, terne et sans vigueur; la vogue est, du reste, aux épreuves peu virées, tirant sur le pourpre : c'est, il est vrai, simple affaire de goût. Quant au bain de virage, il sera soigneusement mis de côté sans le filtrer; mais, comme il s'appauvrit par l'usage, on aura soin d'y ajouter chaque fois une certaine quantité de la solution d'or, environ 20^{cc} par feuille entière de papier employé. Enfin, l'hiver, il faudra légèrement le chauffer : sans quoi le virage se ferait trop lentement. Il est même à remarquer qu'un bain de virage, qui, froid, ne donnerait aucun résultat satisfaisant, retrouvera, si on le fait chauffer assez fortement, la plupart de ses qualités.

Le lavage qui suit le bain d'or doit être abondant, l'eau en sera même renouvelée une ou deux fois; autrement, ce ne serait qu'une solution plus étendue, dans laquelle les épreuves continueraient à changer de couleur.

Fixage et lavage des épreuves. — Quant au fixage, il doit se faire (toujours à une faible lumière blanche, ou mieux à la lumière jaune) immédiatement après ce lavage, et c'est la partie la plus délicate des manipulations, car c'est de lui que dépend en grande partie la stabilité des épreuves. Elles devront être constamment remuées pendant le temps qu'elles séjourneront dans l'hyposulfite, de façon que son action soit bien régulière; autrement, il se produirait une sulfuration partielle ou totale, qui serait pour elles une cause certaine de détérioration. Quinze à vingt minutes suffiront en général pour faire disparaître l'aspect granuleux, *poivré,* du papier, d'autant plus qu'on opérera toujours avec un bain neuf.

Le fixage opéré, il faut, par des lavages prolongés, enlever l'hyposulfite de soude, dont la présence dans le papier ne tarderait pas à attaquer l'image produite à sa surface. On plongera donc les épreuves dans une grande bassine pleine d'eau additionnée d'une certaine quantité de sel de cuisine (environ une poignée pour dix à douze litres d'eau); les épreuves y séjourneront au moins dix minutes, après quoi on les placera dans l'eau pure, qu'il faudra renouveler le plus souvent possible. Cette opération et les suivantes se font, bien entendu, en pleine lumière.

Le mode de lavage généralement usité, et qui consiste à abandonner les épreuves à elles-mêmes, pendant un temps plus ou moins long, dans un récipient dont l'eau se renouvelle sans cesse, présente cet inconvénient que les feuilles, se plaçant les unes sur les autres, rendent le lavage fort irrégulier, chaque point de leur surface n'étant pas également baigné par l'eau. Pour les grandes épreuves surtout, il est utile d'en assurer la conservation en les débarrassant complètement de l'hyposulfite qu'elles renferment.

Un autre inconvénient consiste en ce que, si l'eau n'est pas absolument limpide, le dépôt des matières en suspension vient se fixer sur les épreuves et en altère la fraîcheur.

Voici un moyen d'éviter ce double inconvénient et qui, compliqué en apparence, est en réalité fort simple. Je l'emploie depuis quelque temps avec succès. Chaque feuille de papier est suspendue verticalement dans une grande cuve en zinc, où l'eau arrive par un robinet supérieur et s'échappe par un robinet d'égal débit placé au fond de l'appareil. A cet effet, le papier est pris entre deux lames étroites ($0^m,01$) de verre épais (le verre dépoli est préférable) réunies à chaque extrémité par une petite presse comme celle qu'on emploie pour les piles. Une tige de fer galvanisé, maintenue par ces mêmes presses, repose sur les bords de la cuve et soutient le tout (*fig.* 7).

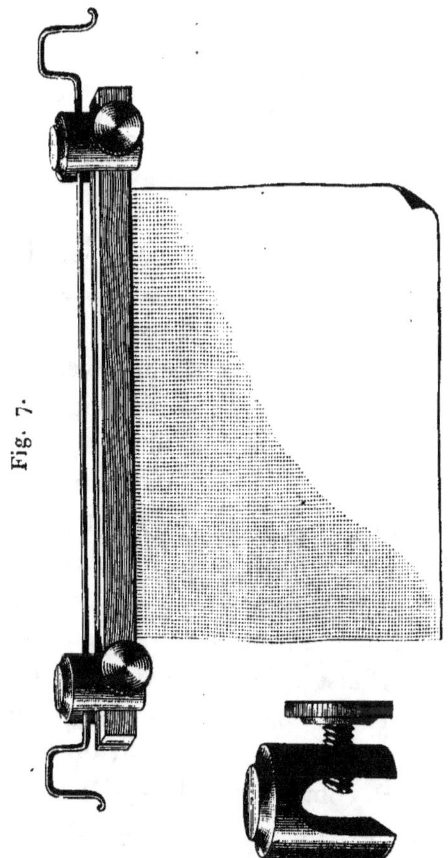

Enfin, les épreuves ainsi fixées sont placées parallèlement les unes aux autres avec un intervalle de $0^m,03$ ou $0^m,04$. De la sorte, le lavage entraîne rapidement toute trace d'hyposulfite sans qu'il y ait à craindre que le papier se déchire. On devra seulement, avant de sécher les épreuves, couper la partie retenue entre les lames de verre, ce qui est sans inconvénient, puisqu'elle est toujours en dehors de l'image définitive.

Ce système peut être utilisé même pour les petites épreuves, si l'on a soin, comme cela se fait généralement, de plier le papier de manière à imprimer plusieurs images sur la même feuille. Avec ce dispositif, six heures d'eau courante suffisent amplement.

On peut, si on le préfère, employer la même cuve dans laquelle on superpose plusieurs séparations formées d'un cadre en fil de fer galvanisé garni de gros canevas. Les épreuves sont disposées à plat sur ces cadres. L'eau, arrivant par le haut, circule librement entre eux et elle sort par le bas entraînant tout l'hyposulfite.

Quel que soit le mode de lavage adopté, il est bon de ne pas laisser les épreuves plus de douze heures dans l'eau; le papier pourrait, en effet, être détérioré et les images perdraient de leur éclat. Pour se rendre compte si le lavage a bien enlevé tout l'hyposulfite, on recueille dans une soucoupe les dernières gouttes de l'eau du lavage, sur lesquelles on laisse tomber un petit cristal de nitrate d'argent : si le lavage est insuffisant, il se forme une petite auréole jaune ou brunâtre, qui indique la présence de l'hyposulfite, même à un demi-millionième.

Le lavage jugé suffisant, chaque épreuve est alors suspendue à l'aide de pinces américaines, ou mieux encore placée entre des feuilles de fort papier buvard blanc, qui les empêcheront de se rouler sur elles-mêmes, et que l'on réservera pour cet usage. Pendant le séchage, le ton général de l'épreuve remonte encore : c'est un fait dont il faut tenir compte à l'impression.

Insuccès. — Les insuccès qui peuvent se présenter dans le tirage des épreuves positives ne sont pas, à beaucoup près, aussi nombreux que ceux auxquels on est exposé quand il s'agit d'obtenir des négatifs. On consultera d'ailleurs avec fruit, sur ce sujet, l'ouvrage de M. Cordier (¹). Je me bornerai à parler des ampoules qui viennent parfois déconcerter l'opérateur, quelque soin qu'il ait pris dans les manipulations. Leur présence, qui ne se révèle qu'après le fixage, est en effet une cause d'altération future des épreuves, car, l'hyposulfite restant emprisonné sous chaque ampoule, le lavage final ne l'enlève pas suffisamment. Le papier à double couche d'albumine présente plus particulièrement cet inconvénient, que l'on évitera en tenant le papier dans un endroit frais, ou mieux encore en

---

(¹) CORDIER (V.), *Les Insuccès en Photographie; causes et remèdes.* 4ᵉ édition. In-18 jésus. Paris, Gauthier-Villars.

passant les épreuves une fois virées et lavées dans
un bain d'alcool destiné à coaguler l'albumine. Le
fixage se fera ensuite dans les conditions habi-
tuelles. Le bain de sel indiqué plus haut après l'hyposulfite de soude produit le même effet; son
emploi étant plus pratique, on fera bien de ne pas
le négliger, d'autant mieux que son action concourt
également à l'élimination de l'hyposulfite d'une
façon plus complète et n'affecte en rien le ton des
épreuves.

Épreuves sur papier au gélatinobromure d'argent.

Les marques de ce papier, dont les épreuves se
rapprochent beaucoup comme ton de celles au
platine, sont nombreuses; bien que toutes s'accommodent des mêmes formules, il vaudra toujours
mieux suivre à la lettre les instructions fournies
par les fabricants. Je donne ici la manière d'employer le papier Anthony, dont je me suis servi
plus spécialement (¹).

Impression. — On le place sous un négatif dans
un châssis-presse ordinaire; mais, vu sa grande
sensibilité, le chargement du châssis doit se faire à
la lumière rouge. Le côté sensibilisé se reconnaît
au relèvement des bords du papier, ou bien à
son adhérence sous le doigt légèrement humecté.

______

(¹) Dépôt chez Carette, 12, rue du Château-d'Eau.

Quant à la durée de l'exposition, elle varie suivant la nature et l'intensité de la lumière, et suivant aussi l'opacité du négatif. Avec un cliché de force moyenne, il faut environ trente à quarante secondes à la distance d'un mètre de la lumière d'une lampe ou d'un bec de gaz.

Développement. — On prépare les solutions suivantes :

A. Eau de pluie............... 100^{cc}
Oxalate neutre de potasse.... 30^{gr}

Ajouter de l'acide acétique jusqu'à ce que le papier de tournesol rougisse.

B. Eau de pluie............... 100^{cc}
Sulfate de fer pur.......... 40^{gr}
Acide sulfurique pur......... Deux gouttes.

C. Eau de pluie............... 100^{cc}
Bromure de potassium....... 3^{gr}

Pour le développement, on verse dans l'ordre indiqué, et au moment de l'emploi,

Solution A.................. 60^{cc}
   »   B.................. 10
   »   C.................. 1

Ne jamais employer de solutions chaudes.

On fait tremper l'épreuve deux ou trois minutes dans l'eau pure, en évitant les bulles d'air; puis, après l'avoir égouttée, on la plonge dans le bain de développement, la face sensible en dessus. L'image apparaît graduellement et on doit continuer le développement jusqu'à ce que les ombres aient atteint la vigueur voulue et que les blancs présentent les détails attendus.

Fixage et lavage. — Aussitôt développée, l'épreuve est plongée sans lavage préalable dans trois bains successifs d'une minute chacun, composés de :

Eau............................... 1000^{cc}
Acide acétique cristallisable....... 2^{gr}

On lave abondamment à l'eau pure, puis on fixe l'image au moyen d'une solution neuve d'hyposulfite à 20 pour 100. Enfin l'épreuve, après le lavage final et aussi prolongé que pour les clichés, est séchée par suspension. Comme les noirs prennent, en séchant, plus d'intensité, on aura soin de ne pas trop pousser le développement.

Épreuves aux sels de platine.

Dans la platinotypie, le support, papier, étoffe, bois, etc., est recouvert d'une solution d'oxalate ferrique additionné de chloroplatinate de potassium, séché, puis exposé sous un négatif à la lumière, comme dans le procédé à l'argent. Après l'insolation, le papier est plongé dans une solution chaude d'oxalate de potasse où l'image apparaît en quelques secondes ; après quoi, il suffit de laver l'épreuve dans deux ou trois bains successifs d'acide chlorhydrique très étendu et de la faire tremper en dernier lieu un quart d'heure dans l'eau.

La simplicité et la rapidité des opérations qui précèdent semblent de grands avantages en faveur du nouveau procédé; il permet en effet d'obtenir des épreuves même par les temps les plus sombres, et il n'est plus besoin de recourir à des lavages prolongés pour assurer la stabilité des images ainsi formées. De plus, le ton des épreuves est tout à fait remarquable, leur aspect ne le cède en rien à celui de la gravure, et, si la platinotypie n'a pas encore détrôné le tirage aux sels d'argent, c'est que le goût général est encore aux épreuves vives et brillantes; c'est aussi, il faut bien le dire, qu'il est malaisé de produire des images parfaites, l'appréciation de leur intensité pendant l'impression étant fort difficile. Enfin, et sans parler du prix encore assez élevé du papier sensibilisé, la nécessité absolue de le conserver parfaitement sec jusqu'au moment du développement rend son emploi forcément limité. Malgré tout, comme l'amateur trouvera dans ce procédé, notamment pour les reproductions de gravures, pour les monuments et pour certains paysages, des effets particuliers qui imprimeront à son œuvre un cachet original et artistique, je donnerai des notions assez complètes sur ce mode de tirage, en engageant toutefois mes lecteurs à consulter l'intéressante brochure publiée par M. Henry Gauthier-Villars sur cette matière (¹).

Je laisserai de côté la préparation et la sensibilisation du papier ; sans être difficiles, elles ne laissent pas que d'exiger certains soins et même un peu d'habitude ; de plus, le séchage, duquel dépend en grande partie la réussite, doit s'opérer rapidement, et l'amateur ne dispose pas toujours d'un local remplissant les conditions voulues. On aura donc tout intérêt à s'adresser aux fabricants qui livrent ce papier tout préparé.

Conservation du papier sensible. — Le papier sensibilisé peut se conserver environ deux mois, à la condition d'être maintenu dans un étui de fer-blanc muni d'un petit récipient renfermant du chlorure de calcium desséché, de manière à éviter toute trace d'humidité. Pour la même raison, les châssis seront garnis d'une feuille mince de caoutchouc placée derrière le papier. Ces précautions contre l'humidité doivent être rigoureusement prises, et l'on ne doit en rien s'en départir jusqu'au moment du développement ; autrement, on aurait des épreuves molles et sans vigueur.

Impression. — L'impression lumineuse est, avons-nous dit, assez difficile à apprécier. Le

---

(¹) J. Pizzighelli et Hübl, *La Platinotypie*. Traduit de l'allemand par Henry Gauthier-Villars. 2ᵉ édition. In-8 ; 1887.

papier, qui est jaune citron, commence à brunir
légèrement dans les parties correspondant aux
noirs du modèle; puis cette teinte passe peu à
peu à la nuance orange; mais il faut renoncer à
voir les demi-teintes et les détails de l'image, et
songer que l'examen de l'épreuve doit se faire rapidement dans un jour très faible, ou mieux à la
lumière jaune. Je ne crois pas qu'il soit possible
de donner des règles précises sur le moment auquel
il convient d'arrêter l'impression; peut-être l'emploi d'un actinomètre serait-il d'une certaine utilité; dans tous les cas, quelques expériences seront
indispensables. Je rappellerai seulement que les
clichés très vigoureux sont ceux qui donnent les
meilleures épreuves.

Bains spéciaux. — Les bains à préparer sont
peu nombreux, car le virage est supprimé, le ton
de l'image étant le même dans tous les cas. On
fera dissoudre 300^{gr} d'oxalate de potasse dans
1000^{cc} d'eau de pluie ou distillée.

Si l'on n'a que de l'oxalate neutre à sa disposition, il faudra, une fois la solution faite, y ajouter
un peu d'acide oxalique jusqu'à réaction acide du
papier de tournesol.

Le second bain comprend simplement de l'eau
distillée ou de l'eau de pluie acidulée au moyen
d'acide chlorhydrique pur (15^{cc} d'acide pour 1000^{cc}
d'eau).

Développement. — Pour effectuer le développement, on mettra le bain d'oxalate dans une cuvette en tôle émaillée et l'on chauffera à 6o ou 8o°, au moyen d'un réchaud à gaz ou d'une lampe à alcool (¹). Prenant alors une épreuve à l'aide d'une pince en corne, on l'immerge lentement dans la solution et on la passe au travers du liquide en évitant les bulles d'air. S'il s'en produisait, on renouvellerait l'opération. L'image est immédiatement formée et elle apparaît avec tous ses détails les plus délicats. Si l'opération a été bien conduite, l'épreuve devra, à ce moment, être plutôt un peu faible, car, en séchant, elle devient plus intense et les blancs perdent de leur éclat.

Achèvement des épreuves. — Le développement une fois terminé, la solution est mise, non filtrée, dans une bouteille et maintenue à l'abri de la lumière ; elle peut servir tant qu'elle n'est pas trop jaune. Quant aux épreuves, elles sont, aussitôt après leur sortie du bain d'oxalate, et sans les laver, plongées dans la solution d'acide chlorhydrique dilué, où elles restent dix minutes. De là, on les passe dans un second bain semblable, puis dans un troisième, en ayant soin de les agiter constamment pour que le liquide baigne tous les points de leur surface. Il faut prendre garde de

---

(¹) Le réchaud Lang, à flamme forcée, est excellent pour cet usage ; on le trouve chez tous les quincailliers.

ne pas effacer l'image par un frottement inopportun. Après ces trois bains, le dernier devant rester absolument incolore, les épreuves sont bien lavées pendant un quart d'heure dans l'eau, que l'on changera deux ou trois fois, puis séchées par suspension ou sur des baguettes de verre.

Papier au platine sans développement. — Ce papier, qu'on trouve depuis quelque temps déjà dans le commerce, constitue, par la commodité de son emploi, un grand progrès sur celui dont je viens de décrire les manipulations; aussi sera-t-il sûrement apprécié par les amateurs. L'image, dont on suit facilement la venue, doit être arrêtée juste à l'intensité que l'on désire; après quoi, il suffit de faire tremper le papier pendant quelques minutes dans l'eau faiblement additionnée d'acide chlorhydrique pur (1 pour 100). Après avoir renouvelé cette solution trois ou quatre fois, on termine l'épreuve en la lavant à l'eau pure pendant un quart d'heure environ.

Montage des épreuves.

Il ne reste plus maintenant qu'à couper les épreuves de la dimension voulue, à l'aide d'un calibre en glace et d'une pointe acérée, après quoi on s'occupera de leur montage, qui en fera ressortir toute la valeur.

Colle. — La meilleure colle est celle que fournit l'amidon délayé dans un peu d'eau froide, puis chauffé jusqu'à formation de la gelée connue sous le nom d'*empois;* il faut attendre, pour en faire usage, qu'elle soit froide. Dans tous les cas, elle ne doit pas être trop épaisse; de plus, on devra choisir avec soin l'amidon, de manière à obtenir une colle bien homogène et non acide, ce qu'on vérifie au moyen du papier de tournesol. Enfin, pendant la cuisson, il faudra constamment remuer le mélange, qui, autrement, formerait des grumeaux.

Cartons divers. — Les épreuves 21 × 27 gagneront beaucoup à être montées sur de grands bristols gris ou bleutés, à fond teinté et d'une épaisseur suffisante. On trouve cette sorte de cartons chez les fabricants spéciaux, où l'on pourra également se procurer quelques cartes à biseaux dorés, très à la mode actuellement, qui seront réservées pour les portraits et les petites épreuves. Dans ce dernier cas, l'image doit presque affleurer le biseau; c'est donc le moment de faire remarquer que le papier photographique se dilate à l'état humide dans le sens seul de la largeur de la feuille entière. On a même proposé d'utiliser cet effet pour modifier les portraits dans une certaine mesure, selon que le modèle a la figure pleine ou maigre. Le collage, en effet, se faisant à l'état humide, la dilatation se produit et persiste. En conséquence, on aura soin de couper le papier sensible dans le même sens pour une série d'épreuves du même cliché.

Opérations détaillées. — Pour procéder au montage des épreuves, on les immerge dans une cuvette remplie d'eau, d'où on les retire en ayant soin qu'elles soient toutes face en dessous, les unes sur les autres, si toutefois elles sont de même dimension ou à peu près. On en exprime l'eau au moyen du buvard, et l'on place le tout sur une glace propre. Cela fait, on étale de la colle sur l'envers de la première épreuve, puis on la soulève au moyen d'une pointe de canif et on l'applique sur le bristol qui lui est destiné. Il est inutile de tracer d'avance au crayon la place que doit occuper l'é-preuve, la dilatation du papier rendant ces repères superflus. C'est le coup d'œil seul qui doit guider l'opérateur. A l'aide d'une feuille de papier buvard, on enlève l'excès d'humidité et l'on passe la paume de la main pour bien faire adhérer l'épreuve au bristol. On continue ainsi pour tout le paquet d'images, qui se maintiennent humides jusqu'à la dernière.

Il faut faire en sorte que le séchage ne soit pas trop rapide, de même que l'on ne devra pas mettre les épreuves les unes sur les autres avant qu'elles soient absolument sèches. Le mieux est de les séparer par des feuilles de fort papier buvard ; on évite ainsi le gondolage des cartons. C'est alors qu'on les examinera pour reboucher avec soin les petits points blancs, au moyen de couleur appropriée, et corriger, s'il y a lieu, les défauts qui nuiraient à l'ensemble de l'œuvre. C'est ce qu'on appelle le *repiquage*.

Satinage et encausticage. — Après ces diverses opérations, il faudra procéder au satinage qui donnera à la photographie un glacé destiné à en faire ressortir les noirs. Le satinage est absolument indispensable : c'est le complément des diverses opérations, et, si le collage a été bien effectué, l'œuvre de l'amateur aura le cachet et l'aspect des meilleures productions. A défaut de presse à satiner, instrument coûteux et encombrant, on s'adressera à un satineur de profession ou à un photographe, qui ne demandera pas mieux que de rendre ce service moyennant une légère rémunération.

Pour les portraits et les épreuves de petite dimension, le satinage à chaud est préférable : il donne un glacé plus parfait et constitue un moyen terme entre le satinage ordinaire et l'émaillage, dont la vogue commence un peu à diminuer. Cet émaillage n'est autre chose qu'une couche de collodion normal appliquée sur l'image au moyen d'une solution chaude de gélatine. Quoique cette opération soit assez simple, l'amateur qui voudra avoir quelques épreuves émaillées fera mieux de s'adresser aux maisons spéciales, qui font ce travail à des conditions fort avantageuses.

Il est enfin une opération souvent négligée, mais qui a cependant son utilité : je veux parler de l'*encausticage*, qui consiste à passer sur l'épreuve, au moyen d'un tampon de flanelle, une petite quantité d'encaustique spéciale, dont on enlève l'excès à l'aide d'un second tampon semblable au premier. De cette façon, le brillant de l'image est augmenté, les petites retouches deviennent tout à fait invisibles, et le papier se trouve, dans une certaine mesure, préservé du contact des agents atmosphériques.

Albums et collections. — Les épreuves ainsi terminées, on peut en former d'intéressantes collections. Les cartons teintés de grande dimension seront montés sur onglets et reliés ainsi au goût de l'amateur; mais il sera préférable de se faire faire un ou plusieurs albums qui offriront cet avantage qu'on pourra changer les épreuves de place, car les images récentes auront toujours plus de fraîcheur et de vigueur que les anciennes; la faculté de les déplacer permettra donc de les mettre à côté d'une autre qui ne souffrira pas de ce voisinage, et, quand l'action du temps deviendra trop visible, il suffira de faire un nouveau tirage, qui permettra de remplacer les épreuves affaiblies ou passées.

Les platinotypies se collent de la même façon,
mais il faut se contenter d'un satinage léger et ne
pas les encaustiquer, le ton mat qu'elles ont étant un
de leurs caractères distinctifs. Un fond de couleur
jaune maïs les fait agréablement ressortir.

Épreuves positives par transparence. Vitraux.

Emploi des plaques au gélatinobromure. —
En dehors des épreuves sur papier, on pourra
trouver de fort jolis effets de décoration dans l'emploi des plaques au gélatinobromure pour obtenir
des positifs par transparence. On choisira pour
cela des glaces minces et bien planes, que l'on
placera contre un négatif, dans un châssis-presse,
les faces gélatinées en contact. L'exposition, qui
aura lieu à la lumière d'une bougie placée à
$0^m,50$ environ, variera de dix à vingt secondes,
selon les plaques et les clichés employés; après
quoi on développera, comme à l'ordinaire, à l'oxalate de fer, ou, de préférence, à l'hydroquinone,
qui donnera des tons plus vifs, en ayant soin,
comme nous l'avons dit, d'employer un bain ayant
déjà servi. On pourra, de la sorte, reproduire des
sujets de vitraux, et il n'y aura plus qu'à recouvrir
le dos de la glace de vernis mat, ou mieux encore
à appliquer sur l'image un verre dépoli qui servira
de fond dans les parties transparentes, en même
temps qu'il préservera l'épreuve. On vend aussi,

pour ce genre de photographies, des cadres spéciaux avec bordures de verre de couleur mis en
plomb, qui sont d'un fort joli effet.

Emploi des plaques au gélatinochlorure. —
On obtient de meilleurs résultats et des effets plus
artistiques en employant des glaces au gélatinochlorure d'argent, qu'on trouve actuellement dans
toutes les bonnes maisons d'articles photographiques. La couche sensible appliquée sur verre
ordinaire, douci, opale, s'impressionne absolument comme le papier sensible ordinaire; on peut
donc en varier à l'infini la nuance selon le mode de
virage employé. Si les positifs par transparence
sont destinés aux projections, ils devront être d'une
grande limpidité et peu intenses.

Quant au tirage, il se fait à l'aide d'un châssis
ordinaire ou d'un châssis spécial à ventouse, et les
épreuves, surtout celles sur verres opales, qui
peuvent se voir par transparence et par réflexion,
offrent une merveilleuse finesse et une fraîcheur de
tons que le papier est incapable de donner; elles
sont cependant inférieures à celles que l'on obtient
avec l'ancien procédé à l'albumine.

Agrandissements.

Les clichés 9×12 obtenus avec la petite chambre
à main dont j'ai parlé au commencement de ce
volume peuvent être agrandis jusqu'au 18×24 sans

trop perdre de leur finesse. A défaut d'une lanterne à projections, l'agrandissement peut être encore obtenu assez simplement avec les seules ressources dont dispose l'amateur. On emploie le même objectif qui a produit les petits clichés; c'est en effet uniquement la distance entre l'objectif et le cliché qui détermine la grandeur de l'image : plus cette distance sera courte, plus l'image sera grande, mais alors elle est projetée plus loin; la distance focale, en un mot, est augmentée. L'opération s'effectue de la manière suivante. La fenêtre du laboratoire étant, comme je l'ai recommandé, garnie de verre dépoli, on fixe sur cette fenêtre, et à une petite distance en avant du verre dépoli, le cliché à agrandir; le reste de la fenêtre est absolument obscurci, la lumière ne passant qu'au travers du cliché. A l'aide d'une chambre noire ordinaire sur laquelle est monté le petit objectif qu'il faut retourner si c'est un antiplanat, on règle la dimension de l'image; on fait la mise au point, qui est grandement simplifiée si l'on remplace provisoirement le cliché par un autre reproduisant une gravure au trait. Cela fait, on replace le cliché primitif, en ayant soin que le côté gélatiné regarde l'objectif, sans quoi l'image serait retournée, et l'on opère comme à l'ordinaire. Avec une belle lumière, sans soleil, vingt à trente secondes suffisent pour la pose. On développe soit au fer, soit de préférence à l'hydroquinone, et l'on a, par cette méthode, un grand cliché positif par transparence, duquel il est facile de tirer un négatif par contact. On peut, si on le préfère, recevoir l'image amplifiée sur papier positif au gélatinobromure.

Me voici parvenu à la fin de cet Ouvrage ; le lecteur qui aura eu la patience de m'accompagner jusqu'au bout, et qui voudra bien suivre les conseils qu'il renferme, peut être assuré d'arriver rapidement lui-même à de bons résultats : il lui suffira d'un peu de goût et de persévérance. J'ai d'ailleurs, avant tout, recherché la clarté, évitant avec soin de présenter des formules dont je n'eusse pas moimême contrôlé l'efficacité, sans prétendre, pour cela, m'en attribuer l'honneur. Aussi recommanderai-je une dernière fois aux amateurs de ne point se rebuter pour quelques insuccès inévitables, et surtout de ne point changer de méthode avant d'avoir réussi. Ils se convaincront vite que la Photographie est bien l'art séduisant et plein de distractions qu'ils avaient pressenti, et je serai, pour ma part, suffisamment récompensé si le Nouveau guide pratique leur évite les ennuis et les déceptions du début.

FIN.

TABLE DES MATIÈRES.

CHAPITRE I.

Notions générales.

CHAPITRE II.

Appareils et installation.

CHAPITRE III.

Clichés ou négatifs.

CHAPITRE IV.

Applications diverses.

CHAPITRE V.

Retouche et conservation des clichés.

CHAPITRE VI.

Épreuves positives.

FIN DE LA TABLE DES MATIÈRES.

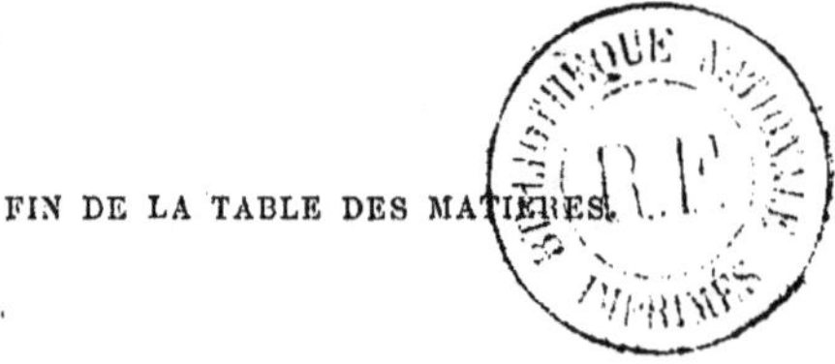

EXTRAIT DU CATALOGUE DE PHOTOGRAPHIE.

Agle. — *Manuel de Photographie instantanée.* In-18 jésus, avec nombreuses figures dans le texte; 1887. 2 fr. 75 c.

Aide-Mémoire de Photographie pour 1889, publié sous les auspices de la Société photographique de Toulouse, par C. FABRE. Quatorzième année, contenant de nombreux renseignements sur les procédés rapides à employer pour portraits dans l'atelier, les émulsions au coton-poudre, à la gélatine, etc. In-18, avec figures et spécimen.

Broché..... 1 fr. 75 c. | Cartonné... 2 fr. 25 c.

Les volumes des années précédentes, sauf 1877, 1878, 1879, 1880, 1883, 1884, 1885 et 1886, se vendent aux mêmes prix.

Audra. — *Le gélatinobromure d'argent.* Nouveau tirage. In-18 jésus; 1887. 1 fr. 75 c.

Báden-Pritchard (H.), Directeur du *Year-Book of Photography.* — *Les Ateliers photographiques de l'Europe* (Descriptions, Particularités anecdotiques, Procédés nouveaux, Secrets d'atelier). Traduit de l'anglais sur la 2e édition, par CHARLES BAYE. In-18 jésus, avec figures dans le texte; 1885. 5 fr.

On vend séparément :

Ier Fascicule : *Les ateliers de Londres*............ 2 fr. 50 c.
IIe Fascicule : *Les ateliers d'Europe* .... 3 fr. 50 c.

Balagny (George). — *L'Hydroquinone.* Nouvelle méthode de développement. In-18 jésus; 1889. 1 fr.

Batut (Arthur). — *La Photographie appliquée à la reproduction du type d'une famille, d'une tribu ou d'une race.* In-16 colombier, avec 2 planches phototypiques; 1887. 1 fr. 50 c.

Burton (W.-K.). — *ABC de la Photographie moderne*, contenant des instructions pratiques sur le *Procédé sec à la gélatine.* Traduit sur la 6e édition anglaise par G. HUBERSON. 3e édition, revue et augmentée. In-18 jésus avec figures; 1889. 2 fr. 25 c.

Clément (R.). — *Méthode pratique pour déterminer exactement le temps de pose en Photographie*, applicable à tous les procédés et à tous les objectifs, indispensable pour l'usage des nouveaux procédés rapides. 3e édition. In-18; 1889. 2 fr. 25 c.

Colson (R.). — *La Photographie sans objectif.* In-18 jésus, avec planche spécimen; 1887. 1 fr. 75 c.

Colson (R.). — *Procédés de reproduction des dessins par la lumière.* In-18 jésus; 1888. 1 fr.

Cordier (V.). — *Les insuccès en Photographie; causes et remèdes.* 6e édition avec figures. In-18 jésus; 1887. 1 fr. 75 c.

Davanne. — *La Photographie. Traité théorique et pratique.* 2 beaux volumes grand in-8, avec nombreuses figures, se vendant séparément :

Ire PARTIE : Notions élémentaires. — Historique. — Épreuves négatives. — Principes communs à tous les procédés négatifs. — Epreuves sur albumine, sur collodion, sur gélatinobromure d'argent, sur pellicules, sur papier. Avec 2 planches spécimens et 120 figures dans le texte; 1886. 16 fr.

IIe PARTIE : Epreuves positives aux sels d'argent, de platine, de fer, de chrome. Epreuves par impressions photomécaniques. — Divers : Les couleurs en Photographie. Epreuves stéréoscopiques. Projections, agrandissements, micrographie. Réductions, épreuves microscopiques. Notions élémentaires de Chimie; vocabulaire. Avec 2 planches spécimens et 114 fig. dans le texte ; 1888. 16 fr.

Dumoulin. — *La Photographie sans laboratoire* (Procédé au gélatinobromure. Agrandissement simplifié). In-18 jésus; 1886. 1 fr. 50 c.

Eder (le Dr J.-M.), Directeur de l'École Royale et Impériale de Photographie à Vienne, Professeur à l'École industrielle de Vienne, etc. — *La Photographie instantanée, son application aux Arts et aux Sciences.* Traduction française de la 2e édition allemande par O. CAMPO, Membre de l'Association belge de Photographie. Grand in-8, avec nombreuses figures et une planche spécimen ; 1888. 6 fr. 50 c.

Elsden. — *Traité de météorologie à l'usage des photographes.* Traduit de l'anglais par HECTOR COLARD. In-8, avec figures; 1888. 3 fr. 50 c

Ferret (l'abbé J.). — *La Photogravure facile et à bon marché.* In-18 jésus; 1889. 1 fr. 25 c.

Geymet. — *Traité pratique de Photographie* (Éléments complets, Méthodes nouvelles, Perfectionnements), suivi d'une instruction sur le *procédé au gélatinobromure.* 3e édition. In-18 jésus ; 1885. 4 fr.

Geymet. — *Traité pratique du procédé au gélatinobromure.* In-18 jésus ; 1885. 1 fr. 75 c.

Geymet. — *Traité pratique de Photolithographie.* 3e édition. In-18 jésus ; 1888. 2 fr. 75 c.

Geymet. — *Traité pratique de Phototypie.* 3e édition. In-18 jésus; 1888. 2 fr. 50.

Geymet. — *Procédés photographiques aux couleurs d'aniline.* In-18 jésus; 1888. 2 fr. 50 c.

Geymet. — *Traité pratique de Photogravure sur zinc et sur cuivre.* In-18 jésus ; 1886. 4 fr. 50 c.

Geymet. — *Traité pratique de gravure et d'impression sur zinc par les procédés héliographiques.* 2 volumes in-18 jésus, se vendant séparément :

Ire PARTIE : Préparation du zinc ; 1887. 2 fr.

IIe PARTIE : Méthodes d'impression. — Procédés inédits ; 1887. 3 fr.

Geymet. — *Traité pratique de gravure en demi-teinte par l'intervention exclusive du cliché photographique.* In-18 jésus ; 1888. 3 fr. 50 c.

Geymet. — *Traité pratique de gravure sur verre par les procédés héliographiques.* In-18 jésus ; 1887. 3 fr. 75 c.

Geymet. — *Traité pratique des émaux photographiques. Secrets* (tours de main, formules, palette complète, etc.) *à l'usage des photographes émailleurs sur plaques et sur porcelaines.* 3ᵉ édition (second tirage). In-18 jésus ; 1885. 5 fr.

Geymet. — *Traité pratique de Céramique photographique. Épreuves irisées or et argent* (Complément du *Traité des émaux photographiques*). In-18 jésus ; 1885. 2 fr. 75 c.

Geymet. — *Traité pratique de gravure héliographique et de galvanoplastie.* 3ᵉ édition, in-18 jésus ; 1885. 3 fr. 50 c.

Geymet. — *Héliographie vitrifiable. Températures, Supports perfectionnés, Feux de coloris.* In-18 jésus ; 1889. 2 fr. 50 c.

Godard (**E.**), Artiste peintre décorateur. — *Traité pratique de peinture et dorure sur verre. Emploi de la lumière ; application de la Photographie.* Ouvrage destiné aux peintres, décorateurs, photographes et artistes amateurs. In-18 jésus ; 1885. 1 fr. 75 c.

Joly. — *La Photographie pratique.* Manuel à l'usage des officiers, des explorateurs et des touristes. In-18 jésus ; 1887. 1 fr. 50 c.

Klary, Artiste photographe. — *Traité pratique d'impression photographique sur papier albuminé.* In-18 jésus, avec figures ; 1888. 3 fr. 50 c.

Klary. — *L'Art de retoucher en noir les épreuves positives sur papier.* In-18 jésus ; 1888. 1 fr.

Klary. — *L'Art de retoucher les négatifs photographiques.* In-18 jésus avec figures ; 1888. 2 fr.

Klary. — *Traité pratique de la peinture des épreuves photographiques avec les couleurs à l'aquarelle et les couleurs à l'huile, suivi de différents procédés de peinture appliqués aux photographies.* In-18 jésus ; 1888. 3 fr. 50 c.

Klary. — *L'éclairage des portraits photographiques.* 6ᵉ édition, revue et considérablement augmentée par HENRY GAUTHIER-VILLARS. In-18 jésus, avec fig. dans le texte ; 1887. 1 fr. 75 c.

Klary. — *L'éclairage des portraits photographiques. Emploi d'un écran de tête mobile et coloré.* 6ᵉ édition, revue et considérablement augmentée, par HENRY GAUTHIER-VILLARS. In-18 jésus, avec figures dans le texte ; 1887. 1 fr. 75 c.

Klary. — *Les Portraits au crayon, au fusain et au pastel obtenus au moyen des agrandissements photographiques.* In-18 jésus ; 1889. 2 fr. 50 c.

Le Bon (**Dʳ Gustave**). — *Les levers photographiques et la Photographie en voyage.* 2 vol. in-18 jésus, se vendant séparément :

Iʳᵉ PARTIE : Applications de la Photographie à l'étude géométrique des monuments et à la Topographie. In-18 jésus, avec figures dans le texte ; 1889. 2 fr. 75 c.

IIᵉ PARTIE : Opérations complémentaires des levers photographiques. In-18 jésus, avec figures dans le texte ; 1889. 2 fr. 75 c.

Les deux volumes ensemble. 5 fr.

Londe (A.), Chef du service photographique à la Salpêtrière. — *La Photographie instantanée.* In-18 jésus, avec belles figures dans le texte ; 1886.   2 fr. 75 c.

Londe (A.). — *La Photographie dans les Arts les Sciences et l'Industrie.* In-18 jésus, avec 2 spécimens ; 1888.   1 fr. 50 c.

Mouchez (Amiral). — *La Photographie astronomique à l'Observatoire de Paris et la Carte du Ciel.* In-18 jésus, avec figures dans le texte et 7 planches hors texte, dont 6 photographies de la Lune, de Jupiter, de Saturne, de l'amas des Gémeaux, etc. reproduites par l'héliogravure, la photoglyptie, etc., et une planche sur cuivre ; 1887.   3 fr. 50 c

Pierre Petit (Fils). — *La Photographie industrielle.* Vitraux et émaux. Positifs microscopiques. Projections. Agrandissements. Linographie. Photographie des infiniment petits. Imitations de la nacre, de l'ivoire, de l'écaille. Editions photographiques. Photographie à la lumière électrique, etc. In-18 jésus ; 1883.
                                                          2 fr. 25 c.

Pizzighelli et Hübl. — *La Platinotypie. Exposé théorique et pratique d'un procédé photographique aux sels de platine, permettant d'obtenir rapidement des épreuves inaltérables.* Traduit de l'allemand par Henry Gauthier-Villars. 2ᵉ édition, revue et augmentée. In-8, avec fig. et platinotypie spécimen ; 1887.
   Broché...... 3 fr. 50 c. | Cartonné avec luxe.   4 fr. 50 c.

Rayet (G.), — *Notes sur l'histoire de la Photographie astronomique.* Grand in-8; 1887.   2 fr.

Roux (V.). — *Photographie isochromatique.* Nouveaux procédés pour la reproduction des tableaux, aquarelles, etc. In-18 jésus ; 1887.   1 fr. 25 c.

Simons (A.). — *Traité pratique de photo-miniature, photo-peinture et photo-aquarelle.* In-18 jésus ; 1888.   1 fr. 25 c.

Tissandier (Gaston). — *La Photographie en ballon,* avec une épreuve photoglyptique du cliché obtenu à 600ᵐ au-dessus de l'île Saint-Louis, à Paris. In-8 avec figures ; 1886. 2 fr. 25 c.

Viallanes (H.), Docteur ès sciences et Docteur en médecine. — *Microphotographie. La Photographie appliquée aux études d'Anatomie microscopique.* In-18 jésus, avec une planche phototypique et figures ; 1886.   2 fr.

Vidal (Léon). — *La Photographie des débutants.* Procédé négatif et positif. In-18 jésus, avec figures dans le texte; 1886.
                                                          2 fr. 50 c.

Vieuille (G.). — *Nouveau guide pratique du photographe amateur.* 2ᵉ édit., entièrement refondue. In-18 jésus ; 1889.. 2 fr. 75 c.

Vogel. — *La Photographie des objets colorés avec leurs valeurs réelles.* Traduit de l'allemand par Henry Gauthier-Villars. Petit in-8, avec figures dans le texte et 4 planches ; 1887.
   Broché............ 6 fr. | Cartonné avec luxe.. 7 fr.

                                        (*Février 1889.*)

Paris. — Imp. Gauthier-Villars et fils, 55, quai des Grands-Augustins.